会社がなくなる!

丹羽宇一郎

講談社現代新書
2632

はじめに

「こんな世の中で自分の会社は今のままやっていけるのだろうか」

そう不安に思っている人は少なくないでしょう。

やっていけません――それが私の答えです。

めまぐるしく変化する時代、五年後、一〇年後の世界がどうなっているか、誰も正確に言い当てることはできません。

世界は新型コロナウイルスの感染拡大に翻弄され、コロナに続く第二、第三のパンデミック（世界的大流行）も起こるでしょう。地球温暖化がもたらす自然災害は年々過酷になっています。巨大地震の発生や火山の噴火による地球寒冷化の可能性もあります。

日本はどうかといえば、あらゆる指標が国力の衰えを示しています。さらに少子化の進展で生産力は落ち、毎年のように台風や線状降水帯による大雨など深刻な被害が発生し、遠くない将来、巨大地震の発生に加えて富士山の噴火すら予測されています。

まさに何が起きても不思議ではないこれからの時代、会社は、日本は、どうなってしまうのか。

貧富の格差は世界的に広がる一方です。大金持ちが超高級品を買って消費を牽引しつつあります。消費のかたちが変わると、生産のかたちも変わります。会社も富裕層向けと貧困層向けに二極分化していくかもしれません。

消費と生産の構造が変われば、ステークホルダー（利害関係者）が変わり、それに応じて会社の構造も変わらざるをえません。あるいは情報技術の進歩によって、これからの会社はＡＩ（人工知能）が経営を担うようになる可能性さえあります。

私たちがこれまで「会社」と呼んでいたものは、その中身を大きく変えつつあります。それをこれまで通り「会社」と呼んでいいのか。呼ぶ必要はあるのか。

その意味で、「会社」はなくなるのかもしれません。いろんな姿、かたちの「新たな組織」が出てくるでしょう。少なくとも「会社」という従来の名前やかたちにとらわれている限り、いずれ時代の波にのまれて淘汰されていくことは確かです。

変化の背後にはどのような要因があり、会社はこれからどの方向に進むべきなのか。

そもそも会社とは何なのか。

過去や世界にも視野を広げながら、将来の見取り図を描くことが本書の狙いです。テーマはウィズコロナ社会、資本主義の変遷、会社の栄枯盛衰、日本企業のタテ型社会、米中新冷戦……と多岐にわたります。会社と仕事をめぐっても課題は山積していますす。いっこうに上がらない給料の手取り、あとを絶たない不祥事、創業やイノベーションの遅れ——。

そうした問題意識を中心に据え、これから日本の会社と私たちの仕事がどんなふうに変わっていくのか、あるいは変わっていかざるをえないのか。

会社大変革の時代を私なりに予測し、ともに考えていきたいと思います。

目次

第一章　「SDGs」「ESG」の看板にだまされるな！
――会社にとって大事なのは「中身」と「実行力」

第二章 GAFAも長くは続かない！
――これから世界を支配するのは中小企業だ

第三章　いつまで上座・下座にこだわっているのか！
――「タテ型組織」を変革して会社を新生せよ

第四章　アメリカと中国、真の覇権国はどっちか？
——米中衝突時代に求められる日本企業の役割

終　章　中小企業が世界を翔ける！
――「信用・信頼」こそ日本の力

序章

すぐそこにある「コロナ以上の危機」

――会社が成長し続けるために必要なこと

命とカネ、どちらが大事か

会社のこれからを考えるにあたり、まず現実の世界でいま何が起きているかを見たいと思います。問題のありかを見極めることで未来への課題が浮かび上がるはずです。

直近のテーマでいえば、二〇二〇年から世界が直面しているコロナ危機です。感染拡大によって確かに私たちの生活はあっという間に大きく変わりました。マスクの常時着用、ソーシャルディスタンス、外出自粛、営業の休止・短縮、集会の延期・中止……。

私自身の変化でいえば、会議や取材はＺｏｏｍなどオンラインを使うようになり、直接対面で人と会う機会はぐんと減りました。大学などでの講義や経営者向けの講演、この本の原稿の打合せ、そして旧知の経営者との相談事などもＺｏｏｍで行っています。

確かにオンラインは楽で便利ですが、直接会って目を見ながら言葉を交わすことの大切さをあらためて実感します。

「現場で顔を合わせて声を聞き、喜ぶときは一緒に喜び、涙を流すときはともに涙を流し、怒るときは怒る。そうやって仕事は身についていく。そういう体験を重ねないで若い連中はどうやって育つというんだ」

私は後輩たちにそう伝えてきたし、講演などで経営者のみなさんにも語ってきました。その思いはいまも変わりません。いや、むしろいっそう強くなっています。

身の回りでいえば、コロナ以前と以後で経済状況や暮らし方、価値観が根本的に変わった人もいれば、さほど変わっていない人もいるでしょう。

私たちはこの新たな事態をどう捉えればいいのか。足元が大きく揺らぐ中、ちょっと立ち止まって考えてみたいと思います。

まずコロナ危機は私たちの社会に、究極ともいえる「二者択一」を迫りました。単刀直入に言えば、それは「命かカネか」という選択です。

国のコロナ対策でいうなら、カネ、つまり経済を優先させれば国民の命が脅かされ、命を優先させれば経済が低迷します。どちらかを犠牲にせざるを得ない。


命かカネか。どちらが大事か。


いま、世界的にそういう状況にあります。各国の経済政策がそういうかたちで問われているということです。政治家は言います。

「国民の命と健康、経済と暮らしをともに守っていかなければいけません」

口で言うのは簡単です。

けれども両方ともうまくいく政策はないだろう。ともに守っていきます、などと国民を騙すようなことを言ってはいけません。

二〇〇一年九月一一日、ニューヨークの世界貿易センタービルで大規模テロが起きました。一瞬にして約三〇〇〇人の命が奪われ、全米はパニックに陥りました。約二〇年後の二〇二〇年一二月から翌二月半ばまで、新型コロナウイルスによるアメリカの一日の死亡者は三〇〇〇人前後に上りました。

つまりはその間、アメリカではテロと同じ数の死者を毎日、何ヵ月間も出し続けていたわけです。

しかし、このテロの時ほどの動揺と混乱、危機感、切迫感が見られたでしょうか。

米ジョンズ・ホプキンス大学の集計では、新型コロナウイルスによる死者数は、世界で約四三三万人、第一位はアメリカの約六二万人です（二〇二一年八月一三日現在）。いまも増え続けています。

世界で最も豊かな国家が、世界で最も多くの死者を出している。それが実情です。要するにアメリカのリーダーは国民の命よりも経済を優先する選択をしたということにほかならないわけですが、これは何もアメリカに限ったことではありません。

カネが左右するワクチン供給

感染拡大を止める決め手となりそうなワクチンの開発・供給も、つまるところカネ次第です。ワクチンを研究・開発し、輸送・保管し、トラブルがあった時は賠償する、すべてに巨額のカネが絡んできます。

ワクチンの早期実現化を目指して「ワープ・スピード作戦」を掲げたアメリカの前トランプ政権は、製薬大手モデルナに九億五五〇〇万ドル（約一〇〇〇億円）の補助金を出し、一億回分を一五億二五〇〇万ドル（約一六〇〇億円）で買い取る契約を結ぶなど、その支援規模はケタ違いでした。

一方、日本でも最先端のｍＲＮＡ（メッセンジャーＲＮＡ）ワクチンの開発を進めてはいたものの、感染症対策におけるワクチン臨床試験の予算がカットされ、二〇一八年に計画が凍結されていました。日本のワクチン開発が出遅れた原因の一つはカネの問題でした。

製薬会社にしてみれば、開発に多大な投資を要し、リスクの高いワクチン開発においそれとは手を出せません。開発資金の回収は至上命題です。

世界を見れば、ワクチンをめぐる争奪戦はもっと露骨です。経済格差がそのままワクチンの供給格差につながっています。

世界保健機関（ＷＨＯ）主導でワクチンの公平配分を進める国際的枠組み「ＣＯＶＡ

X」には一九〇ヵ国が参加しています。ところが、WHOのテドロス事務局長は二〇二一年一月、こう話しました。

「(不平等なワクチン接種政策の影響で)世界は壊滅的な道徳上の失敗の瀬戸際にある。失敗の代償として世界各地の最貧国で人の命や生活が犠牲になる」

五月には「パンデミックはワクチン分配の「ひどい格差」によって長期化している」として、新型コロナワクチンの七五%以上がわずか一〇ヵ国で接種されたと指摘。「世界のワクチンの大部分を生産し購入する少数の国が、全世界の運命をコントロールしている」と非難しました。

誰も信用できない!

日本のリーダーたちも、政策や経営の重心を「感染拡大の抑制」から「経済の再活性化」へと移してきましたが、その姿勢がコロナ対策における後手後手の対応を招いてきました。

感染拡大さなかの二〇二〇年七月から始めた観光業支援策「Go To トラベル」事業もそうですが、同じ年の一二月に閣議決定した追加経済対策で、予算に盛り込まれる約四〇兆円のうち感染拡大防止策の事業規模はわずか約六兆円、残りは国土強靱化やデジタル分野などでした。

もちろん、経済の急激な悪化が続くと、職を失ったり経営が行き詰まったりして自ら命を絶つ人が出てきます。ただし、景気が悪くなると自殺者が増えるという傾向と、感染者の増加や医療の逼迫《ひっぱく》によって死亡者が増加するという直接的な因果関係を同列に論じることはできません。

もしも経済ではなく命を優先するならば、治療薬やワクチン開発、医療設備の充実、医師・看護師らの確保にいち早く手を打って、そこに資金や人材などあらゆるリソースを集中投下すべきです。

これがもし会社が危機に瀕した場合なら、最もすぐれた人材と労力を投入し、すべての社員を救うために全精力を挙げて難局を乗り切る方策を試みるはずです。私が社長であれば躊躇《ちゅうちょ》なくそうします。

たとえばコロナ禍をめぐる事業者への給付金、助成金は日本の経済、中小企業で働く人たちをどれくらい救い、どれほどの経済効果を上げたのか。確たるデータを目にしたことがありません。

なぜＰＣＲ検査や医療従事者らの確保が後手に回ったのか。

なぜ先進国の中でもワクチン接種が進まなかったのか。

いま、なされていることは本当に正しいことか。

あなたは国の指導者の言うことをそのまま信じていますか。残念ながら私は信用しておりません。そして国民の多くが指導者に不信感を抱くようになっています。

「誰も信用できない」ということを私たちは知ることができた——これがこの一年半の収穫といえば収穫です。

私たち個人の日々の行動も、「命かカネか」という究極の選択に結びついています。

感染リスクがある満員電車に揺られながら毎日出社を続けるのか。取引先とはオンラインではなく対面で言葉を交わすのか。経済を優先した結果、こうした行動の一つひとつが、命を粗末にすることにつながるかもしれません。

政治家は「命かカネか」という選択を迫られているという不都合な状況を認めることはできないでしょう。だからこそ私たち自身が、そうした状況に直面しつつある現実を直視して、行動しなければなりません。

コロナで進む「健康格差」

「命よりも経済」の次に指摘できるのは、コロナ危機によって貧富の格差が拡大し、二極分化がさらに進んだことです。富めるものはますます富み、貧しきものはさらに貧しく。これは世界的に見て、最も顕著で大きな変化です。

経済の動きを世界全体で見ると、明らかに中間層の地位がさらに低下し、経済の発展、成長はほとんど見られません。さまざまなデータがそのことを示しています。

国際通貨基金（IMF）が二〇二一年四月に公表した「世界経済見通し」のサブタイトルは〈広がる回復の格差を管理すべき時〉でした。

レポートは先進国間における格差より、先進国と新興国の格差に注目し、「二〇〇八年のリーマンショックに比べて中長期的に世界経済が被る損失は小さいが、国・地域別に見れば新興国を中心としてダメージが深く残る」と指摘しています。以前から問題視されていた「格差拡大」という世界的なテーマが、コロナ危機で加速した、という見立てです。

あるいは国際慈善に取り組むNGO法人「オックスファム」の「不平等ウイルス」と題するリポート（二〇二一年一月）は、「この間、世界は過去最大の格差拡大を目の当たりにしており、なかでも貧困層は富裕層よりはるかに深刻な打撃を受けている」と報告しています。

リポートは「統計開始以来、初めてほぼすべての国で格差が拡大する可能性が高い」と予測しています。

なかでも公的医療保険制度が整備されていないアメリカでは、今回のコロナ禍の以前から「健康格差」という問題が深刻化していました。そこにパンデミックが拍車をかけるかたちで、社会の分断を促したわけです。

いまこそ必要なグローバリゼーション

今回のパンデミックで世界経済が受けた打撃は甚大です。

国境を越えたヒトとモノの移動が激減し、経済活動は地球規模で縮小しました。グローバルに構築されたサプライチェーンが分断され、外国から部品が届かないために生産を中止した製品もあります。

約三万点の部品で成り立っている自動車産業でいえば、各部品の工場が世界中に分散しているため、減産や生産中止に追い込まれるメーカーが相次ぎました。しかも、感染拡大のピークに地域差があるので、ある国の工場では生産再開できても、別の国は感染がピークを迎え、また別の国は第二波、第三波を迎えていくケースもあります。

海外からの観光客に依存していたインバウンド関連の産業も、壊滅的な打撃を被りました。再び感染者数が増えてきたことで、再開しかけた経済活動も冷や水を浴びせられる格好になってしまいました。

その結果、「コロナでグローバリゼーションは敗北した」と論じる識者が少なからず見受けられ、「これからは国内回帰だ」と回れ右をする気運さえ生じています。

バカを言ってはいけません。

今回の事態をもって「グローバリゼーションの終焉」などと判断するのは短慮もはなはだしい。もともとグローバリゼーションは、人為的な法律や制度から始まったものではありません。歴史をさかのぼれば、ローマ帝国の拡大も、一五世紀末からの大航海時代も、一九世紀以降の帝国主義も、グローバリゼーションの一環です。

現代は経済も文化もあらゆるものが程度の差はあれ世界のどこかの国とつながっています。サプライチェーンをさかのぼっていくと、誰も知らない国の生産物が原材料であることも珍しくありません。

グローバリゼーションは世界史の必然的な流れです。その潮流を押し止めることなど、ウイルスといえどもできません。

新型コロナウイルスの世界的な感染拡大のような事態は、これからも第二、第三と起きるでしょう。それは歴史が証明しています。コロナ禍が終息すれば、また集まってモノや情報を交換し、一緒に何かやろうと動きだす。それが人類の習性です。

しかもグローバリゼーションは人類が危機に直面したときほど必要性を増します。新型コロナの治療薬や予防ワクチンの開発においても、各国で競争しながら積極的に情報交換することが早期開発に役立つはずです。効率よく低コストで開発するためにグローバルな協力体制は大きな意味を持ちます。

経済対策においても、互いに競争しつつも協力しあう関係を強化するのは当然です。主要各国の中央銀行が連携して株価の大暴落を防いでいるのはその好例です。

私たちはすでに経済的にも、政治的にも、文化的にもグローバリゼーションの一角に組み込まれています。開かれている門を封鎖すればどうなるか。いま身をもって学んでいるとおりです。

社会の分断が止まらない

感染がいったん終息すれば、世界経済は回復に向かって動き出すでしょうが、痛みは国によって異なります。ダメージの大きい国には、世界的な枠組みの中で回復に向けて助け合わなければならない。

温暖化問題のみならず、世界は一国の都合だけで考えられる時代ではありません。とくに四海に囲まれた日本としては、世界のどの国とも仲よくすることが国是となります。

しかし、そのなかで社会の分断は加速しています。コロナ禍で進んだ格差拡大を受けて反グローバリゼーション、自国第一主義、ナショナリズムが台頭しているのです。

米中衝突の問題は第四章であらためて取り上げますが、香港問題やコロナ禍をきっかけに、アメリカでは反中感情がこれまでになく高まっています。さらにコロナ禍を広めたとしてアジア系住民に対する差別や暴力事件が深刻化しています。アメリカの主要都市におけるその数は、二〇二一年に入ってからの三ヵ月間で前年の二・六倍に増えました。

アメリカだけではありません。感染拡大を受けて、欧米諸国の政治家は繰り返し中国と新型コロナウイルス流行との関係を強調し、中国批判の論調を強めていました。その煽りを受けてヨーロッパ各国やオーストラリアなど欧米系諸国で東アジア系や東南アジア系の住民に対するヘイトクライム（憎悪犯罪）が激増しています。

各地で頻発するヘイトクライムは、もともと国内外でくすぶっていた人種差別と外国人嫌悪が噴き出したかたちです。パンデミックはこれまで潜在化していた私たちのさまざまな問題を次々にあぶりだしました。

社会の分断が進む時代に、会社はどのようにこうした壁と立ち向かい、成長を遂げていくべきか。私たちはいま、大きな岐路に立たされているといっても過言ではありません。

すぐそこにある「コロナ以上の危機」

なぜなら「緊急事態」はパンデミックだけではないからです。コロナの後にはコロナ以上の危機が待ち構えていることを忘れていないでしょうか。

それは巨大地震です。国も会社も個人も今後、このことを強く肝に銘じる必要があります。

首都直下地震は「今後三〇年の間に七〇%の確率で起きる」といわれて以来、一〇年が過ぎました。いまやいつ起きても不思議ではありません。

そして近く発生が危惧されている巨大地震が「南海トラフ地震」です。政府の地震調査委員会は、東海沖から九州沖に延びる南海トラフ沿いでマグニチュード8〜9級の巨大地震が三〇年以内に七〇〜八〇%の確率で発生するとの予測を発表しました。首都圏から九州まで六〇〇〇万人が被災すると試算されています。

列島をこうした巨大地震が襲うことは統計上、揺るがない事実のようです。しかも地震が起こる場所は、超人口密集地帯である首都直下をはじめ、東海地方から関西・四国・九州と非常に広域です。

警戒すべき災害は地震だけにとどまりません。

火山の大噴火は、噴煙と火山灰によって気温低下を引き起こし、歴史上、地球規模の飢饉や疫病を発生させるとともに政治経済にも大きな影響を与えてきました。

一七八三年のアイスランドのラキ火山噴火は世界的な寒冷化を招き、遠く離れた日本でも浅間山噴火がもたらした「天明の大飢饉」を悪化させ数万人の餓死者が出たとも言われ、フランスでの食糧難はフランス革命の遠因になったとされます。一八一五年、インドネシア・スンバワ島のタンボラ火山の大噴火は、北米のトウモロコシを全滅させ、アメリカ北東部の農民を西部に移住させました。

南海トラフ地震が富士山噴火を引き起こす可能性は高いとされます。二〇世紀は幸いにしてそれ以前のような巨大噴火はありませんでしたが、今世紀、再び大噴火が起これば、現在の「地球温暖化」という状況が百八十度転換して「地球寒冷化」が始まり、世界的な食糧難をもたらす可能性も否定できません。

そうなれば、いま世界で起きている「ワクチンをめぐる争奪戦」は、「食糧をめぐる争奪戦」に変わるでしょう。今日ワクチンを打たなかったからといって明日すぐに命を落とすことはありませんが、食糧難は死に直結する重大事だけに、事態はより深刻といえます。

目下のところ、私たちはコロナ禍や温暖化ばかりに気を取られていますが、あらゆる危機を考慮に入れながら「何が起きてもおかしくない」と考え、〝その時〟が間近に迫っているという不安と恐怖の中で日々を過ごさなければならないのです。

地球規模の危機に備える

今回の新型コロナウイルスと地震、噴火などの巨大災害には似通っている点がありま す。まず、どちらも決定的な部分が解明できていない。巨大災害に対して人は無知であるとともに無力です。ウイルスに関しては、そもそも日本人に死者が少ない要因も解明できていません。未知の事態に臨んで「万全の備え」をすることは不可能です。

人類は成長をひたすら求めて経済活動を展開し、温室効果ガスを排出し続けてきた結果、さしあたっていま、人類の存続を脅かしているのが地球温暖化です。

地球温暖化による災禍はさまざまですが、最も深刻な影響を一つ挙げるなら「水問題」です。地球上にある水のうち、淡水はわずか三％程度。淡水のうち人間が使える地下水、河川の水は一〇〜一五％程度です。

このわずかな淡水がいま、世界各国で汚染や枯渇によってまさに緊急事態の危機に瀕している。水問題は食糧問題に直結します。すでに各地で水の獲得を巡って紛争が起きています。

パンデミック、巨大地震、大噴火……。想像できないことに対して、人は過剰か過少にしか反応できないものです。それでも私たちはウイルスに対しても、巨大災害に対しても、わからないなりに事前の備えをしなければならない。

備えの第一は、まず災害もウイルスも「あって当たり前」と考えることです。地震は人類誕生以前から起きているし、ウイルスも人類よりも早くから地球上に生存していました。私たちは過去も未来もずっと「ウィズ地震」であり「ウィズウイルス」なのです。

実は私たちが知っていると思っていることは、地球上でも、地球内部でもほんのわずかに過ぎません。いわんや地球外のことは何もわかっていない。私たちは自然に対しても、もっと謙虚であるべきです。

大げさに聞こえるかもしれませんが、会社の存続、成長を考えた時、こうした地球規模の危機を考慮に入れざるを得ない時代に私たちは入っているということです。なぜなら、いずれも現代の資本主義社会が本質的にはらむ問題であり、それはとりもなおさず資本主義を支える会社の問題であることを意味するからです。会社の未来を考えるとき、私たちはこの事実を直視しなければなりません。

近年、会社が経営の中心に置き始めているESG（環境・社会・統治）とは、私に言わせれば、自然に対しても社会に対しても謙虚であれ、という戒めです。

原点を見つめ直すチャンス

政府の「二〇五〇年脱炭素宣言」が象徴するように、「これからの社会」を構想する時、多くの場合は三〇年間を一区切りとします。世界の平均気温の基準値も過去三〇年間の平均値です。

「これからの三〇年」を考えるにあたり、翻って「これまでの三〇年」、二〇二一年を起点とするなら一九九一年からの三〇年間を振り返ると、世界はどれほど変わったでしょうか。

たしかにあらゆるモノがインターネットに接続され、世の中便利になったかもしれません。

しかしながら私の生活に関する限り、その間毎日つけていた「十年日記」をめくると、起床時間から就寝時間まで、何十年間、ほとんど何も変わっていないことがわかります。朝五時台に起きて、人と会って、出張をして、休みはゴルフ、そして二三時台に就寝……私は日記を眺めてつぶやきます。

「全然変わってないじゃないか。人間ってこれからも変わらないんだろうなぁ」

でも本当にそれでいいのでしょうか。

これからの三〇年間、貧富の格差はさらに拡がり、自然災害はますます過酷になっていくはずです。日本も世界も、社会も会社も変わるでしょう。生活基盤が大きく揺らぐいまこそ浮足立つことなく、地に足をつけて冷静に物事の本質を見極める必要があります。

よく考えてみてください、みなさん。

あなたはコロナ禍によって社会が変わる、あるいは会社が変わると思っていませんか。しかし問題は、コロナ禍によって社会がどう変わるか、ではありません。

人間がどう変わるか、です。

会社名やロゴの変更、組織改革によって何が変わりましたか。

社長の肩書をCEOやCOOにして何が変わりましたか。

そこに生きる人間が変わらない限り、社会は変わりません。

そこで働く従業員が変わらない限り、会社も変わりません。

コロナ禍で生活様式が一変した、と言われます。生活様式を変えたのは人間です。生活をしているのは人間だからです。

逆に言えば、人間が変わらない限り、どんなにシステムや暮らし方を変えても、本質的に世の中は変わらず、「新しい秩序」など生まれるはずがありません。

では人間はどう変わるのか。

経済格差が拡がる中で、ほとんどは貧乏人になるのか。

ごく一部の金持ちが世の中を支配することになるのか。

それを私たちに迫っているのが、新型コロナウイルスです。

コロナ危機をきっかけに、世界史上初めて全世界が同様の危機に直面しました。ということは、気候変動をはじめ地球規模の課題の解決に向けて国を超えて協力することに目覚めたということでしょう。

そのような時代に、私たちはどう生きていけばいいのでしょうか。そして、会社はどのようなミッションをもって成長してゆくべきでしょうか。

会社が成長し続けるために何が必要なのか。

世界に誇る日本企業となるために、日本人にはいま何が求められているのか。

私たちはコロナ危機によってコロナ以上の恐怖に目覚め、自分の原点、会社の原点、この国の原点、人類の原点を見つめ直す機会を与えられたのです。

第一章

「SDGs」「ESG」の看板にだまされるな！

——会社にとって大事なのは「中身」と「実行力」

いまの株高は「ゴルディロックスのスープ」

経済至上主義や貧富の格差拡大、社会の分断、環境破壊など、前章ではいまある経済社会が大きな問い直しを迫られていることを見ました。現代の資本主義が宿している根本的な矛盾がコロナ禍によって噴出したという見方もできます。

世界的に先進国も後進国も、いまや低金利とカネ余り、株高が続いています。正確な理由はわかりません。これは本当に会社の業績、将来性を反映した株価になっているのでしょうか。

日本銀行がＥＴＦ（上場投資信託）の買い入れを通じて日本の企業の大株主となり、株価を支えていると言われていますが、こんなバカげたことをしているのは日本だけです。実態を反映していない株価を追っても時間の無駄です。

コロナ禍と経済を見る時に思い出してほしいのは、『三匹のくまさん』というイギリス童話です。〝三匹のくまは仲が良いお父さん、お母さん、子どもです。彼らが留守の時にゴルディロックスという名の少女が家にやってきて、三つのお椀に入ったスープのうち熱すぎも冷たすぎもなく「ちょうどいい」スープを飲んで、三つあるベッドのうち大きすぎも小さすぎもしない「ちょうどいい」ベッドで眠り込んでしまいます。〟

この話にちなんで、景気が過熱も冷え込みもしていない適度な状況にある相場のことを「ゴルディロックス相場」（適温相場）と呼びます。

世界の株式市場を見ると、コロナ感染の拡大で下がり、ワクチン開発で上がるという上下動を繰り返しています。アメリカが利上げする、しないといった観測も株価に影響しています。いずれにしても、小幅の中で株価の上げと下げが釣り合って、投資家には非常に心地いい状態が続いています。

毎日のように、ちょっと上がったり、ちょっと下がったり、まるで少女ゴルディロックスがおいしいスープを飲んで寝てしまうような相場が成り立っています。要するにコロナとワクチンのシーソーゲームを見ているような感じです。

韓国よりも低い日本の平均年収

コロナ禍によって職を失った方がたくさんいます。これからも出てくるでしょう。ところが株だけは上がっている。株が上がって喜ぶ人は誰か。

配当金を手にしている人です。

みなさんの日々の生活はよくなっているでしょうか。あるいはよくなるだろうと思いますか。よくならない。この傾向はいまに始まったことではありません。

二〇〇〇年以降、急速に配当金が増えています。利益を出していても、その圧倒的な部分は株主に回されています。

日銀の大規模金融緩和などの成長政策によって、二〇一八年度の企業の経常利益は約八四兆円と過去最高を記録しました。利益の使いみちとして増えたのが株主への配当金です。二〇一八年度は二六兆円と、やはり過去最高でした。この一〇年間で二倍を超す急増です。

配当金が増えても、会社や経済全体の成長には何の役にも立っていません。こんな状況が二〇年以上も続いているのです。

では本当に会社を成長させるためにはどうすればいいか。

社員の給料の手取りを増やすことです。人々の収入を増やし、新しい需要を掘り起こす。そうしてお金を回す。

ところが厚生労働省の調査によると、非正規を含む雇用者の月給は平均三二万円余で、リーマンショック前の二〇〇七年を下回ったままです。正規雇用だけでも四二・五万円で、一九九七年とほとんど変わっていません。賃金を通した分配が機能不全に陥っているのです。

社員は汗水流し、心身を削って働いている。

にもかかわらず、儲かったら、その上がりはすべて株主に吸い取られてしまう。そんなふざけた話がありますか。

ＯＥＣＤ（経済協力開発機構）の加盟諸国の統計によると、主要一三ヵ国の一九九四年と二〇一八年の名目賃金上昇率は日本だけがマイナス成長となっています。二〇一九年、日本の平均年収は韓国に抜き去られました。

結果的に二〇〇〇年以降、日本における中間層の位置づけは相当下がってきています。コロナ禍がこの傾向を加速させました。

株主第一主義から脱却せよ

いまの経済システムの矛盾が噴出するなかで、世界の経済を牽引してきた経営者たちが「資本主義とはいったい何のためにあるのか」「会社は誰のためにあるのか」という根本問題を新たに問い直し始めています。

その一つの表れは、アメリカを中心とした「株主第一主義」に陰りが出てきたことです。「株主至上主義」「株主主権論」ともいいます。株主主権を絶対視し、会社を株主の利益追求の道具のようにみなす考え方です。それに疑問符が付けられるようになりました。

私が社長として会社経営に携わった一九九八〜二〇〇四年は、ちょうど日本の経済界で株主第一主義が席巻していた時期でした。「物言う株主」として知られた村上世彰氏率いる「村上ファンド」のTOB（株式公開買い付け）による敵対的買収や、ホリエモンこと堀江貴文氏によるニッポン放送買収計画が世の中を騒がせていた時代と重なります。

私は株主を何よりも優先するこの考え方に大いに疑問を覚え、当時から率直に批判していました。

その本家たるアメリカで株主第一主義を見直す動きが出てきました。象徴的な〝事件〟がアメリカの大手企業経営者でつくる最大の経済団体「ビジネス・ラウンドテーブル」（BRT）が二〇一九年八月に発表した「企業の目的に関する声明」です。

声明は団体の会長を務めるJPモルガン・チェースのCEOをはじめ、アップル、アマゾン、ゼネラルモーターズ（GM）、アメリカン航空など一八一人の経営トップが名を連ね、一九九七年以降、掲げ続けた「株主第一主義」を見直すことを宣言しています。

歴史をさかのぼれば、「株主第一主義」は、新自由主義を掲げノーベル賞を受賞したアメリカの経済学者ミルトン・フリードマン（一九一二～二〇〇六年）が主著『資本主義と自由』（一九六二年）で提唱したことに始まります。

フリードマンは一九七〇年に「ニューヨーク・タイムズ・マガジン」への寄稿で「企業の社会的責任は利益を増やすこと」と題する論評で何と言ったか。

要約すれば、企業の経営者は雇い主たる株主の代理人として、その利益に奉仕する責任以外は持たなくていい。企業に人種問題や環境保全などの社会的責任を求めるのは、経営者に政府と同様の働きを求めることだ。それは資本主義ではなく社会主義だ――そう主張しました。

以後、「企業経営者の使命は株主利益の最優先と最大化」という経営理念がアメリカの資本主義の中核をなし、一九八〇年代からは大幅な規制緩和と市場原理主義の重視を特徴とする「新自由主義」に基づく経営が世界を席巻します。

アメリカ・レーガン大統領のレーガノミクス、イギリス・サッチャー首相のサッチャリズム、日本は中曽根首相の三公社民営化がその代表例です。

ステークホルダー資本主義への転換

日本ではアメリカの株主第一主義の潮流に流されて、二〇〇〇年以降、多くの企業が日本的経営から離れ、その結果、現場で働く社員や非正規労働者に対する待遇が急速に低下していきました。

ところが、その大元たるアメリカ企業から脱株主第一の声明が発表されたのです。BRTの声明を見てみます。

・顧客には期待を超える価値を届けます。
・従業員には適正な報酬と有意義な福利厚生の提供に加えて、急激に変化する世界に適応できるように新たなスキルを身につけるための訓練や教育を通じた支援をします。多様性と包摂性、尊厳を育みます。
・サプライヤー（取引先）には公正かつ倫理的に対応します。規模の大小を問わず、私たちの使命の達成に貢献してくれる他の企業にとってよいパートナーであろうと努めます。
・地域社会を支援します。地域社会の人々を尊重し、事業全体で持続可能なやり方を採用して環境を保護します。
・企業の投資、成長、革新を可能とする資本を提供してくれている株主には長期的な価値を生み出します。透明性や株主との効果的な関係を重視します。

声明は顧客、従業員、サプライヤー、地域社会、株主の五つすべてのステークホルダーに利益をもたらすのが企業の目的だと述べています。

これは「企業は株主の利益のためにある」としてきたアメリカ型資本主義の大転換、

「株主第一主義」から「ステークホルダー資本主義」への移行として大きな反響を呼びました。私もこの宣言を知った時には少々驚きました。

しかしながら、こうした動きはアメリカにとどまりません。イギリスでも二〇一八年に改訂されたコーポレートガバナンス・コード（企業統治指針）で、従来の株主利益を優先するシステムではなく、ステークホルダー全体の利益を考慮したシステムの構築を求めています。

両者に共通するのは、企業は株主だけではなく、多様なステークホルダーのあり方に配慮し、その求めに応じることで、長期的、持続的に価値を創りだしていくことを目指すよう転換を図ろうとしていることです。

二〇二〇年の世界経済フォーラム（ダボス会議）の年次総会におけるキーワードは、「ステークホルダー資本主義」でした。

時代によって変わる会社の役割

それぞれの時代において会社が担ってきた役割は異なります。会社はいまや富を増やすことや豊かな消費社会を実現するといった目的を超えて、ＢＲＴの声明にあるように、地域社会への貢献や地球環境の保全といった課題に対する役割を期待されています。

その背景を探るために、会社の発展史を簡単に振り返ってみます。

教科書で習う世界初の株式会社は一七世紀初めにオランダとイギリスで相次いで設立された東インド会社でしょう。

一六世紀から一七世紀にかけて、ヨーロッパでは共同資本によって貿易や植民地経営のための大規模な企業が設立されました。航海ごとに出資を募り、その航海が成功すれば利益を分配するというかたちをとっていました。ヨーロッパ諸国が国富増大を目指して採った「重商主義の時代」です。

オランダ東インド会社は二〇〇年にわたり利益を出し続け、株式会社という組織体はヨーロッパ中に広がっていくことになります。イギリス東インド会社は後にインドで植民地経営を行い、アヘン戦争の引き金をひいたことでも有名です。

このうち、日本と関わりが深かったのがオランダ東インド会社です。徳川家康の許可を得て長崎県の平戸に商館を開設したのが一六〇九年。鎖国時代、日本との交易が許され、日本からは良質の銀をはじめ金や陶磁器、漆器が輸出され、オランダからは織物や香料、香辛料、薬など多彩な貿易品がもたらされました。輸入した鉄砲や大砲によって家康は一六一五年の「大坂の陣」で豊臣家に勝利します。

こうした初発時の株式会社のステークホルダーは君主であり、その後は資本を有する貴族を中心とした社会の富裕層でした。その発展原理はアジア、アフリカ諸国の搾取、征服であり、いまでいうCSR（企業の社会的責任）といった考え方は微塵《みじん》もありません。

列強によって蓄積された富が一八世紀半ばから一九世紀にかけてイギリスで勃興する産業革命につながります。株式による出資を募って事業を拡大する業者が相次いで生まれていきました。必要な資本を集めるために最もよく用いられたのが、「株式会社」という事業形態でした。

ここまではいわば会社の「前史」であって、私たちの知る現在の組織的な会社につながるものは二〇世紀初頭のアメリカから始まる、と私は考えます。

それまでの個人営業的な会社からアメリカでは会社間同士の合併が進み、鉄道分野に限られていた大会社が他の産業分野にも出現するようになります。いわゆる「産業資本主義の時代」です。

なかでも注目すべきは、フォード社による自動車製造です。「フォード・システム」と呼ばれる、ベルトコンベヤを使ったライン生産方式による大量生産を実現し、一般市民でも購入できる低価格の「T型車」を販売しました。

フォードは単一車種のみを一九〇八〜二七年の一九年間にわたって生産し続け、累計の生産台数は一五〇〇万台に上ったとされます。

大量生産、大量販売の結果、T型車の価格は当初の半額以下まで低下し、自動車はかつての金持ちの贅沢品から大衆の足へと変化しました。

企業の主役は貿易会社から製造会社に移ります。会社のステークホルダーは土地や製造設備、労働力に資金を投じた資本家です。会社は大量生産、大量消費による「豊かな消費社会」を実現する担い手としての役割が期待されました。

会社の本質とは何か

BRTの声明が指している「株主」は、ステークホルダーである顧客や従業員や取引先に貢献し、地域社会や地球環境、社会の持続的成長のために努力をしている会社の株を長期間保有して支援している株主のことです。そういう株主には「長期的な価値」を生み出す、と宣言しているのです。

言い換えると、「所有している株を今日売って、明日また別の会社の株を買う」といった株売買で儲けようという短期保有の株主は、ここでいう株主にあたりません。

いまや海外投資家が日本株の売買シェアのかなりを占め、人工知能が一〇〇万分の一秒といった超高速で株売買を繰り返しています。彼らは自分の利益のために株を所有、売買しているのであって、会社や社会の長期的発展を目的にしているとは言えません。

ここで「会社とは誰のものか」が問われることになります。そのためには、まず「会社とは何か」を考える必要があります。

会社も個人商店から大企業までさまざまです。これをひと括《くく》りにして、株式会社であれば「法人」と言っています。

法人である株式会社と個人商店とは何が違うのか。

たとえば個人商店の八百屋の親父さんが自分の店のりんごを「自分のものだ」と言って食べても問題にはなりません。しかし株主が会社のパソコンを「自分のものだ」と言って持って帰ったら窃盗罪に問われます。

「法人」である会社のものは株主のものではありません。では誰のものかと言えば、法律上の「法人」という「人」のものです。

つまり株主は株式の持ち主に過ぎないということです。株式というのは「もの」であり、会社の資本です。これを売買することができます。しかし、それは会社の備品や商品ではありません。

もっと端的に言うと、株主というのは、会社の資本の一部を所有しているに過ぎないということです。会社は「人」として、自社商品や備品や設備といった資産を持っている。ここが個人商店と企業の株主とが同一視できないところです。また個人は無限責任ですが、株主は有限責任です。

私心で会社を動かしてはならないワケ

つまり「会社は誰のものか」と聞かれれば、会社法上、会社は「株主のもの」です。しかしながら、それは会社の本質を捉えていません。株主のものだからといって、株主が何をやってもいいということにはならない。株主のためにだけ社員は働いているわけでもありません。

私の考えを言うと、「会社の本質」を語るとするならば、「会社は誰のものか」ではなく、「会社は誰のためにあるのか」という視点がなければいけない。

そのためには「会社は社会の公器である」という原点に立ち返る必要があります。すると、会社は株主のため、従業員のため、顧客のため、社会のため、国家のため、とさまざまな角度から見ていく必要があることがわかるはずです。

株主は会社の設備や資産を運用する権利の一部を、株券を通して持っているに過ぎません。実際に会社を動かしているのは「従業員」です。この従業員のことを日本では「社員」と呼びます。株主が変わっても会社は変わりませんが、社員が変われば変わります。

要するに会社の中身、本質は「人」なのです。それを無視して株主第一主義を妄信したり、カネにものを言わせて会社を売買したりするのは資本主義の悪しき側面です。

さらに言えば、経営者は「経営の信用受託者だ」ということです。「この人はウソをつかない」「会社を正しい方向に導いてくれる」と周りから信用されるからこそ、株主から経営を任される。株主は自分の持っている「会社の資産を運用する権利の一部」を経営者に託しているわけです。

そして経営者が何をもって信用されるかと言えば、その人の持つ倫理観にほかなりません。私心で会社を動かすことがあってはならない。だからこそ経営者は自らの心を磨き、自律自省の精神を持ち続ける必要があるのです。

もちろん、利潤追求が悪いわけではありません。むしろ利益が出なければ企業活動を継続できない。「会社は社会の公器である」という意味は、「利益のために会社がある」のではなく、「社会的な役割を果たすために会社がある」ということです。

日本でなぜ株主第一主義が強くなってきたか。背景の一つに、バブル崩壊以降の日本的経営に対する反省があります。一九八〇年代の日本経済はバブル景気に浮かれ、終身雇用と年功序列、メインバンク制度に支えられて発展した戦後の日本的経営は「ジャパン・アズ・ナンバーワン」と世界から注目を浴びていました。

ところが九〇年代に入ってバブルが崩壊し、「日本的経営はダメだったのではないか」と日本の会社はすっかり自信を失ってしまいました。一方で勢いづくアメリカ経済を見て、必死に取り入れようとしたアメリカ流の資本主義の象徴が株主第一主義でした。

いまこそアダム・スミスに戻るべき理由

BRTの声明は、とくに新しい考え方とは言えません。ステークホルダー資本主義は株主第一資本主義よりもはるか以前に存在していた企業モデルです。

そこで展開される主張は、資本主義の源流ともいえる「経済学の祖」アダム・スミス（一七二三～九〇年）の経済思想にすでに見てとれます。

アダム・スミスといえば「見えざる手」、つまり市場システムに委ねる「自由放任主義」が有名です。フリードマンと並んで株主第一主義の理論的支柱として引き合いによく出されますが、大いなる誤解ではないかと私は思っています。

スミスの主著は『国富論』（一七七六年）です。私も若いころに読んで、「国難の時の愚策は国を滅ぼす」という文言はいまも心に残っています。

豊かな時はたとえ愚策であっても「バカなことをやっているな」で済みますが、いざ国難に直面した時、愚策は国の存亡にかかります。「バカなこと」と笑って済ませることはできません。いまの日本に重なって響く至言です。

資本主義発展の理論的支柱となった『国富論』のメッセージは、政府による市場の統制・介入を排除して企業間の自由競争を促進することによって生産性が高まり、社会全体の進歩の原動力となる――と考えられてきました。

一見すると、市場原理主義の原型が展開されているように見えます。しかし、『国富論』につながる前著『道徳感情論』（一七五九年）を読むと、無前提にそうした主張がなされているわけではないことがわかります。

私見ですが、私は経済を論じた『国富論』よりも、深い人間理解に基づいて倫理を論じた『道徳感情論』のほうが彼の思想をよりよく体現していると考えます。

この本の中で深く考察されているのが人間の虚栄心です。虚栄心とは周りにいる、より多くの人間に自分を実際よりもよく見せたいという心情です。

たとえば無人島に一人だけで住んでいるなら、寝るところと食べるものさえあれば事足ります。食料を手で食べても、汚れた服を着ていても、他人の目はない。

ところが、そこにひとたび他人の目が入ると、人は突然きれいな服で着飾ろうとする。立派な家に住もうとする。他人から褒められたい。うらやましがられたい。そうして世間から注目され、評価されるためにお金を稼ごうとします。

しかし、アダム・スミスはこうした虚栄心を悪い意味ばかりで使っているわけではありません。誰でも周りからほめられ、うらやましがれ、尊敬されたいはずです。

人間は他人の目を意識する虚栄心があるからこそ、理想の自分に現実の自分を近づけるよう懸命に努力する。虚栄心ゆえに財産や地位への野心と競争心が生まれる。それがリアルに損得を勘定する経済活動を促すエネルギーになり、社会の繁栄をもたらすというのです。

他者に配慮する資本主義

こうして見てくると、規制撤廃と個人の利己心に基づいた競争の促進という既成のイメージとは異なるアダム・スミスの経済思想が浮かんできます。資本主義の源流にあるのは、私利私欲を追求する獰猛《どうもう》な利己主義ではなく、他者への配慮や公共性をも含みこんだものということです。

スミスが生きた一八世紀のイギリス社会は、格差と貧困、財政難と戦争といった深刻な社会問題を抱えた時代でした。『道徳感情論』『国富論』が生まれた背景にはそうした社会状況がありました。

ここでドイツの社会学者マックス・ウェーバー（一八六四〜一九二〇年）にも登場しても

らいましょう。ウェーバーは『プロテスタンティズムの倫理と資本主義の精神』（一九〇四〜〇五年）で、本来、資本主義は企業経営者自らが高い倫理観を持つことが必要であると論じています。

資本主義という経済システムは、放っておくと営利追求そのものが自己目的化してしまって歯止めが利かなくなります。そうして弱肉強食の世界が展開される。欲深さを捨てられないのが人間の業《ごう》であるように、弱肉強食は資本主義の業でもあります。

初期の資本主義は、ウェーバーのいうピューリタニズム（プロテスタンティズム）の倫理観が資本主義の持つ業をチェックする役目を負ってきました。すなわち神から与えられた天職に禁欲的に励むことで神の意志がこの世に顕現し、自らが救われるという考え方によって利潤追求が肯定されました。

二〇世紀に入ってから、この倫理的な役割を果たそうとしてきたのが社会主義でした。資本主義に対して平等で公正な社会を目指した社会主義がプロテスタンティズムに代わり、欲望の膨張と肥大化をチェックしようとしてきたはずでした。

ところが、生産手段を国有化した計画経済は、勤労意欲の減退によって生産性が低下し、経済は停滞することになりました。

やがて一九二九年の世界大恐慌を経て、支持を集めたのが修正資本主義です。ジョン・メイナード・ケインズ（一八八三〜一九四六年）は、不況時には政府による公共投資などを通じて有効需要を創出することによって、景気変動に伴う悪影響を抑えられると主張しました。

しかし、ケインズ経済学は一九七〇年代にアメリカを襲ったスタグフレーション（景気停滞＋物価上昇）にうまく対応できなかったとみなされ、八〇年代以降はフリードマンに代表される市場原理主義的な「新自由主義」が主流派として台頭するようになります。

社会主義体制が全面的に崩壊した八九年以降は、資本主義が膨張を続け、いまや一国家を崩壊に至らしめるほどの危険を宿すモンスターになっています。

日本が誇るべき伝統的な商売哲学

翻ってわが国の歴史をさかのぼれば、日本には「ステークホルダー資本主義」に重なる伝統的な商売の哲学がありました。

よく知られているのが、二百数十年にわたり近江商人に連綿と受け継がれている「三方《さんぼう》よし」です。「買い手よし、売り手よし、世間よし」という三者が「よし」となる商いをするべきという教えであり、戒めです。

売り手の都合だけで商いをするのではなく、買い手が心の底から満足し、さらに商いを通じて地域社会の発展や福利の増進に貢献しなければならない。こうした近江商人の精神を原点とした伊藤忠商事の創業者・二代目伊藤忠兵衛（一八八三〜一九七三年）等の哲学が、新しい経営理念として広められていきました。

私は総合商社のルーツを確かめるべく、滋賀県豊郷町にある伊藤忠兵衛記念館を訪れたことがありますが、自宅兼職場の旧邸からは近江商人たる忠兵衛の活気あふれる暮らしぶりが伝わってきました。

近江商人の「商売十訓」には、現代にも通用する経営理念が盛り込まれています。

①商売は世のため、人のための奉仕にして、利益はその当然の報酬なり。
②店の大小よりも場所の良否、場所の良否よりも品の如何。
③売る前のお世辞より売った後の奉仕、これこそ永遠の客をつくる。
④資金の少なきを憂うなかれ、信用の足らざるを憂うべし。
⑤無理に売るな、客の好むものを売るな、客のためになるものを売れ。
⑥良きものを売るのは善なり、良き品を広告して多く売ることはさらに善なり。
⑦紙一枚でも景品は客を喜ばせる。つけてあげるもののないときは笑顔を景品にせよ。

⑧ 正札を守れ、値引きは却って気持ちを悪くするくらいが落ちだ。
⑨ 今日の損益を常に考えよ、今日の損益を明らかにしないでは、寝につかぬ習慣にせよ。
⑩ 商売には好況、不況はない。いずれにしても儲けねばならない。

「三方よし」の考え方は、いまで言えば「顧客満足度」であり、CSRの視点を先取りしていると見なせます。

初代伊藤忠兵衛は投機を軽蔑し、商売を神聖視したところがあります。それは真宗門徒としての深い帰依、信仰心に根ざしたものと言えるでしょう。

伊藤忠商事は二〇二〇年四月から経営理念を、一九九二年に制定した「豊かさを担う責任」から「三方よし」に改めました。創業者たる伊藤忠兵衛の原点に戻る理念の改訂です。

渋沢栄一（一八四〇～一九三一年）が唱えた「利他の精神」「道徳経済合一」の理念も、同様に企業活動の公益性を強調した経済思想です。渋沢はNHK大河ドラマ『青天を衝け』の主役に取り上げられたり、二〇二四年度に刷新される一万円札の図柄に採用されたりするなど、近年再評価の気運が高まっています。

約五〇〇の企業設立・運営に携わったことで知られ、「日本資本主義の父」と呼ばれる渋沢は「公益」を第一に考え、生涯をかけて関わった社会事業は約六〇〇にも上るとされます。

「道徳経済合一」とは、私利私欲ではなく公益の追求を尊重する「道徳」と、利益を求める「経済」とは元来ともに進むべきものであり、事業において両立しなければならないという考え方です。

すなわち事業をする上で常に社会貢献や多くの人の幸せの実現といった公益を追求しながら同時に利益を上げていくという理念であり、彼は実業家としてのキャリアの中で「道徳経済合一」を実践し続けたといえます。

ちなみに日本で最初の株式会社は、渋沢栄一が一八七三年に設立した第一国立銀行（現みずほ銀行）です。

アダム・スミスの道徳哲学にせよ、伊藤忠兵衛の信仰心にせよ、渋沢の「道徳経済合一」にせよ、資本主義とは、こうした道徳・倫理をそのシステムに内蔵していなければ自ら拠って立つものまで食い尽くすほどの凶暴性を宿している、と私は考えます。

トップ自らが投資家と対峙せよ

「ステークホルダー資本主義」にしても「三方よし」の商売哲学にしても、「社員は会社の宝」であり「社員第一主義」を唱えてきた私の基本的な経営哲学にそのまま重なります。

前述したように、私の社長時代は株主第一主義が幅を利かせた時期でした。「物言う株主」は会社に自社株買いをするよう圧力をかけ、会社から金を吸い上げて膨大な利益を手にする。一方で、社員の待遇は置き去りにされる。そんな傾向が強まっていました。物言う株主は企業価値の源泉である製品に責任を持たず、その一方で会社が投資をしにくくしたり、従業員を解雇させたりといった形で成長の機会を奪っていました。

強圧的な投資手法は「ハゲタカ」と呼ばれていましたが、私に言わせれば「ハゲタカ」ではないファンドがどこにあるのか聞きたい。会社の成長や発展うんぬんという視点ではなく、儲かったら売り抜けるのがファンドだからです。

私は社長時代にこの株主と対決したことがあります。社長就任一年半後の一九九九年一〇月、会社が抱える不良資産をすべて洗い出して一括処理した時です。三九五〇億円の特別損失を出し、翌年三月期に伊藤忠単体で一六三〇億円の赤字を計上して無配に転落しました。

特別損失としては産業界において最大規模、日本の企業で不良資産の一括処理を発表したのは伊藤忠が初めてでした。

メーカーのようにモノづくりをしているわけではない商社にとって、信用は死命を制する重大事、配当こそがその生命線と考えられてきました。だから、これまでの経営陣はどんなに経営状況が苦しくても配当を出さない年はありませんでした。

当時は業績不振のため減配をせざるをえない時期でしたが、無配にするという選択肢は、経営陣の誰もが現実的だとは考えていません。

当然、株主、取引銀行、会社ＯＢをはじめ社内外から猛烈な反対に遭いました。

「他の会社みたいに不動産売却や人員削減で少しずつ損失を埋めて、平穏にやったらどうですか」という〝助言〟もありました。

私にしても配当を増やして株主に喜んでもらいたい。

しかし、ない袖は振れない。

このまま何年続けても腐ったりんごは腐ったままです。青果に戻ることはない。結果的に生命線たる信用を失うことになりかねません。

私は不良資産で満身創痍という会社の本当の姿をさらけ出し、

「みなさん、将来は必ず収益を上げて高い配当を実現するので一緒についてきてほしい」

と利害関係者に訴えました。当然、大株主とは激しい口論になり、

「会社が潰れたらどうするんだ！」

と迫られました。しかし私は、

「本当の姿をさらけ出して潰れたら、それは伊藤忠の宿命であり力だ」

と腹をくくりました。

覚悟が定まったのは、自分の後ろに社員が付いてきてくれたからです。私は社員を信用して会社の実情を包み隠さずに伝え、社員はそういう私を信用してくれた。一人だけででできたことではありません。

イギリスやドイツなど海外の株主や債権者、投資家などに説明する際には、財務担当専務と私の二人で現地入りしました。通訳を介さず、会社の状況を必死に説明して無配にすることを伝えると、厳しく経営責任を問われ、口論にもなりました。溝が埋まらないまま、

「これだけ説明しても信用できないのなら、弊社の株を売却したらどうですか。無理に持ってもらう必要はありません」

そう啖呵《たんか》を切って決裂したこともありました。

ところが、マーケットが開いたとき、株価は暴落するどころか、むしろ上がってい

る。市場は不良債権を一括処理した経営姿勢と将来の可能性を信頼してくれたのです。同時に子会社の株もぐんと上がりました。口論した投資家が株を買ってくれたのです。

たとえ海千山千の海外投資家であっても、本気になってケンカをすればこちらの意図や思いは絶対に伝わる——。このときほど信用、信頼の強さ、大切さを痛感したことはありません。伊藤忠はこのときをターニングポイントとして快進撃を続けます。翌年は、連結で純益七〇五億円の過去最高益を達成しました。

わが身を顧みず会社のために尽くす社長と社員が信頼という絆で結ばれている会社は、簡単に音を上げることはありません。

企業の社会貢献は当たり前

ここでいま一度、ＢＲＴの声明の中で注目したいのは、五番目の「企業の投資、成長、革新を可能とする資本を提供してくれている株主」です。明日株主であるかどうかもわからない金儲け目的の短期的な株主ではありません。

博打打ちのような投機的な投資家を相手に社員が寝食を忘れて働くものか。そんなことは御免こうむる。社員を信用して社員とともに会社を経営する。それが私の一貫した経営理念でした。

だから「株主第一主義」の見直しは、私にとっては当然の成り行きであり、遅すぎた変化です。

私にとって声明で受け取るべきは「株主以上に社員を大切にしろ」というメッセージです。もういい加減、株主のほうだけを見るのはやめにしてはどうか。

「社員のみなさんも買える人は株を買ってください。あなた方が稼いで儲かった分は、あなた方に配当を出します。もちろん全部というわけにいきません。そのうちのかなりの部分は次の投資などに使わなければいけないからです」

そんなふうに会社の姿勢は変わっていかなければならない。

日本たばこ産業（ＪＴ）は二〇二一年一二月期の年間配当で、一九九四年の上場以来初となる減配を決めました。たばこ離れによる長年の減益にもかかわらず、増配を続けてきた経営方針の転換です。

近年はＣＳＲが企業の戦略的な事業として取り組まれ、ＣＳＲを「将来への投資」とみなす経営者もいます。

しかし私に言わせれば、何をいまさらです。もともと会社とは社会的存在であり、社会を構成する一員としてあるわけですから、社会のために貢献するのは当たり前のことです。

会社の目的は三つあります。一つ目は利益です。利益を出さないような会社は社会にも貢献できず、税金も納められません。社員に十分な給料が払えず、雇用をカットする可能性も生じます。利益を出さない会社は社会的存在としての役割を十分果たすことができません。

二つ目はこれまで述べてきた社会貢献です。そして三つ目は永続性です。

突然税金が払えなくなったり、突然社員全員を解雇したりする会社は社会に迷惑な存在となります。会社に永続性がなければ、前の二つの目的を果たすことができません。

永続的に利益を出していくこと、そして永続的に雇用を守り、社会に貢献していくこと。これが会社の最低限の経営目的でしょう。

さらにいうなら、顧客が「購入したい」「利用したい」と思うような高品質の製品やサービスを創出することです。それに伴って利益が生じる。社員に十分な報酬を支払い、事業が成功すれば、報酬や福利厚生を充実させることで働く意欲を高められます。

こうした好循環を図っていくことが本来の資本主義であり、実際そうすることで中間層の生活水準は押し上げられてきたのです。

日本企業の九九％以上が中小企業であることは周知の事実です。中小企業はこれまでのように「親父のため、家族のために一生懸命働いてきた」「お客さんのことだけを考えてきた」というだけでは、もはや成り立ちません。地域や社会、環境のことも視野に入れて経営していく。

資本主義の転換は中小企業にもそうした変革を迫っています。

利害関係者への配慮は進んだか

ＢＲＴの声明から約二年を経て、アメリカの経済界は変化したのでしょうか。残念ながらメディアを見る限り、声明を受けて新しい取り組みを始めたという企業の情報はほとんど見受けられません。

短期的な株主価値を犠牲にしても、従業員やサプライヤー、地域コミュニティーを支援しているのは一部の企業にとどまっているようです。従来からサステナビリティーの取り組みを実践している企業は、その実践を継続させているに過ぎません。

ただし、新型コロナウイルスの感染拡大が、声明が示す動きを加速させつつあるという見方はできます。

コロナ禍における顧客に対する特別対応やコミュニティーに対する救済基金の設立などステークホルダーへの貢献度は、ＢＲＴに署名した企業が署名していない企業を上回ったというデータがあります（シュローダー・グローバル・インサイト「新型コロナウイルスと「ステークホルダー資本主義」：行動は言葉よりも雄弁」二〇二〇年一〇月）。

このレポートは「いくつかの例外はありつつも、絶対的な成果と上回り具合は、特段感銘を受けるレベルではない」としつつも、

「米国を代表する企業がステークホルダー対応の点で他よりも先んじている事実には勇気づけられる。あらゆるステークホルダー対応策を講じている企業は現時点ではまだ少数派だが、BRT署名企業が自ら提唱していることを実践していることがうかがえる」と評価を下しています。

社外取締役の導入やトップの報酬競争など、アメリカ型経営に無批判に追随してきた日本はどうか。日本における上場企業による自社株買いは、コーポレートガバナンス改革を背景に二〇一八年度、二〇一九年度と過去最高額を更新しました。

自社株買いは当該企業の株価や自己資本利益率など各種指標を好転させる効果があり、株主還元策の一環として実行されてきました。企業は株主重視の姿勢を打ち出して、成長に向けた投資よりも株主への還元を優先しようとしているようです。

BRTの声明にはむしろ「やはり株主は人事だ」という逆向きの声さえ聞かれます。本格的なステークホルダー資本主義が日本に根付くには、まだ時間がかかりそうです。

資本主義を支持しない若者たち

そもそもアメリカ最大の経済団体が株主第一主義を見直す動きを見せたのはなぜなのか。それを見極めることは、これからの会社の進むべき方向を考える際に不可欠の作業です。

フリードマンが新自由主義を高らかに宣言した一九七〇年当時、アメリカ社会は中間層が台頭し、社会と企業の利益が一致していました。ところがその後、極端な格差拡大によって株主利益中心ではもはや社会そのものが立ち行かなくなっています。繰り返される金融危機や地球環境の破壊といった現代資本主義の負の側面が急拡大しているということもあるでしょう。

二〇〇〇年代に成人を迎えた「ミレニアル世代」の台頭も考えられます。アメリカではミレニアル世代の労働者が全労働者の約三分の一を占めると言われます。米ビジネス誌「ファスト・カンパニー」は、今回の声明を企業側に促した大きな要因として、「若い労働者が経営者に対し、単に利益を最大化するよりもより高尚な目的を掲げることを求めている」という点を挙げています。さらに、「消費者が、人や環境に良いことをしているように思われる企業に注目するようになってきている」

「社会的意識の高い投資家らが持続可能性、企業責任、社会的インパクトといった観点を持つ金融商品に膨大な額の投資を行うようになってきている」

といった消費者や投資家の変化を指摘しています。

あるいは米経済誌「フォーチュン」は、若者の資本主義に対する関心の低下を要因の一つに挙げています。これについては複数の衝撃的なデータがあります。

二〇一六年のハーバード大学の調査によると、調査した一八～二九歳のアメリカ人の五一％が「資本主義を支持しない」と答え、三分の一は「社会主義に変わることを望んでいる」と回答しました。

また、米調査会社ギャラップの二〇一九年の調査では、一八歳から三四歳の若い世代のうち社会主義を「好ましい」と答えた割合が五二％に達し、「好ましくない」と回答した四七％を超えました。

「社会主義再評価」の背景としてあるのは、言うまでもなく、近年のアメリカで年々拡大している貧富の格差です。アメリカの富の大半が上位一％の富裕層に独占されており、前述したようにコロナ禍の株高によって富裕層の資産価値が急増し、格差はさらに拡大しています。

「富裕層が富むことで経済が活発になり、貧しい人を含む社会全体に富が行き渡る」という「トリクルダウン」という経済理論があります。しかしイギリスの経済学者たちが一九六五～二〇一五年の五〇年間に先進国で実施された富裕層への大幅減税を調査した結果、富裕層の減税に社会全体を豊かにする効果はなく、むしろ富裕層だけが豊かになってきたことが明らかになっています。

株主第一主義が招いた「富の集中」と「経済格差」がアメリカでは深刻化しており、反エリート、反資本主義的な動きが噴き出しています。

富が集中する企業エリートの象徴ともいえるＢＲＴ各社の経営陣は、そうした市民の間に渦巻く批判を敏感に感じ取ったに違いありません。それがステークホルダー主義への転換を示した声明発表に至った要因の一つのように思われます。

新修正資本主義の可能性

株価が最高値を付けるような経営を求める株主資本主義は、そのまま放置すれば資本主義そのものを破壊させるのではないか、と私は思います。

これからの世界は資本主義の暴走を食い止める経済体制、資本主義と社会主義の長所を取り込んだ経済システム、いわゆる「新修正資本主義」が必要なのではないでしょうか。

「社会主義」というと、すぐさま旧ソ連や中国のような一党独裁による強権国家を思い浮かべる人がいるかもしれませんが、もちろんそうではありません。

ここでの社会主義は、個人主義的な自由主義経済に対して、より平等で公正な社会を目指す思想、運動、体制です。平たくいえば「自分のためだけではなく、社会全体のために、さまざまな意見に耳を傾け、議論を尽くし、権限と責任を明確にして決定する」という考えに基づく体制です。

資本主義にもいろいろあり、社会主義にもいろいろあって、呼ぶ名前はどうでもいい。いずれにしても「これまでの資本主義では世界はもうやっていけない」ということは確かでしょう。

資本主義の主役は民です。民をどのようにリードして助けていくか。その助け方には、労働者の権利を守ったり、貧困層を支援したり、富裕層に税を課したりする法律や制度を導入することが考えられます。

個人の利潤を追求するかたちで進んできた資本主義に、そうした社会主義的な要素を取り入れなければ、この社会はもう持たないのではないか、と私は見ています。

現在は個人が野放図に自由を追求するあまり、平等という原則がないがしろにされています。しかしながら自由と機会平等は資本主義の大原則です。自由と平等をベースにして物事を考える。簡単ではありません。ただし、それを絶えず念頭に置いて探っていくしか道はありません。世界がこれから取り組んでいくべき最大の課題でしょう。
自己の利益追求だけでは、もはや会社は成り立ちません。

会社は何のために存在するのか。
どのようにして社会の発展や人々の幸福に貢献するのか。

会社の成長と社員の成長が社会の発展へとつながることは、変転激しいこの時代において、会社が生きながらえる必須の条件になっています。
私たちに求められているのは、資本主義社会における会社の構造や考え方を五つのステークホルダー（顧客、従業員、取引先、地域、株主）へ名実ともに変えて、新時代への脱皮を図ることです。

脱成長経済なんてありえない

社会主義への再評価の気運は日本でも高まっているようです。大阪市立大学大学院経済学研究科准教授の斎藤幸平著『人新世の「資本論」』（集英社新書、二〇二〇年）が三〇万部を超すベストセラーとなりました。

この本は限界を迎える地球の唯一の解決策は「経済成長から脱成長への転換」だと訴え、成長を大前提とする資本主義から離れて「脱成長コミュニズム」に移行せよ、と主張しています。

水や土地や電力、生産手段といった、人々が豊かに生活するための社会的な公共財を市民が所有・運営し、必要なものだけを生産して大量生産・大量消費から脱却する。経済の減速によって人々を長時間労働や際限のない消費から解放し、格差のない人間的生活を実現することを唱えています。

話題となったこの本を読んだ私の感想を記しておきましょう。

現在の経済体制を「脱成長経済」に切り替えることで労働時間の短縮によって生活の質が向上し、画一的な分業を廃止して労働の創造性を回復できるという著者の「構想」は、どこか空想的なフィクションのように受け取れます。

著者は「脱成長」に向けた人間の「自己抑制」を説いています。

確かに世界が変わるためには、私たち自身が変わる必要がある。

しかしながら、よほどの覚悟と努力がない限り、人間はそう簡単には変わらない――これは八〇年以上生きてきた私の持論です。二〇〇〇年に及ぶアラブ人とユダヤ人の闘争を見てもわかるように、歴史がそれを証明してもいます。

人間には「動物の血」が流れています。口ではどんなに立派なことを言っても、空腹になれば他人の食料を奪ってまでも胃袋を満たし、寒くなれば我先に暖を取ります。そこには自らを最優先に生かそうとする自己保身の本能があり、他者を犠牲にして省みない残虐性が潜んでいます。動物に流れる血や本性は、知識や知能ではコントロールできません。

アダム・スミスが喝破したように、資本主義社会を駆動する原動力には人間の虚栄心があり、それはいまも昔もまったく変わっていません。人間である限り競争は続き、成長は止まらないのではないでしょうか。

「脱成長経済」はやはり想像の産物のように私には思えます。

「美しい言葉」には注意せよ

ビジネス・ラウンドテーブルの声明や「脱成長経済」もそうですが、行き過ぎた経済活動の反省から、世界中でさまざまな宣言や目標が掲げられています。「格差の是正を」「クリーンなエネルギーを」「持続的な成長」「脱炭素」……。立派なコミットメントを掲げる組織や会社が増えています。

しかし、その多くはお題目に終始しています。具体的な活動に落とし込んでいる会社がどれだけあるか。「美しい言葉」には要注意です。

国連が二〇一五年、二〇三〇年までに世界が取り組むべき目標として掲げた「SDGs」（持続可能な開発目標）も近年盛んに取り沙汰されていますが、注意すべき言葉です。

SDGsは一七のゴール（目標）を掲げており、「貧困をなくそう」「飢餓をゼロに」「すべての人に健康と福祉を」「質の高い教育をみんなに」「働きがいも経済成長も」「気候変動に具体的対策を」「平和と公正をすべての人に」と耳ざわりのいい言葉が並んでいます。

「弊社は近年、SDGsに力を入れた経営を展開しています」

「それはいったいどういうことでしょうか？」

「継続して会社が発展していくような目標を立ててやっております」

当たり前のことです。何をいまさら言っているのか。

逆にそうした目標を立ててこなかった会社があるんですか。立派な看板を掲げて対外的にアピールするのもけっこうですが、問題はそこに「中身」がちゃんと伴っているかどうかです。

立派な目標がどれだけ貧しい人、非正規社員、職業を失った人の役に立ちましたか。

世間の流行りものに飛びつくだけで、仕事をした気になっていませんか。

やっている当事者自身が変わっていないのに、活動の中身が劇的に変わるわけはありません。各国、各企業がこれまでやってきたことを「ＳＤＧｓ」と名前を変えているに過ぎません。

「ＥＳＧ投資」（環境・社会・企業統治に対して積極的な取り組みをする企業に投資すること）や「グリーン・ニューディール」（温暖化防止と経済格差の是正を目的とするアメリカの経済刺激策）も同様です。

どんどんやってください。

でもどれほどの企業が本当に「実行」しているでしょうか。

エコファンドで地球環境は改善されたか

いまから二〇年以上前のことです。一九九九年ごろ、環境対策に積極的な企業を株式投資で応援する「エコファンド」が国内外でブームになりました。金融機関が相次いでエコファンドを販売しましたが、結局のところ、尻すぼみに終わっています。

このエコファンドを機に、どれだけ地球環境はよくなりましたか。状況はむしろ悪化の一途をたどっているというのが現実です。

いったい何度、「美しい言葉」にだまされれば気が済むのでしょうか。

二〇二〇年には、またもや金融機関が環境問題をテーマにしたＥＳＧ関連のファンドを数多く売り出しました。中には純資産総額が一兆円を突破した投資信託もあり、まさに「ＥＳＧバブル」ともいえる盛況ぶりです。

しかしながら、「ＥＳＧ投資」に組み入れられた株式上位銘柄を見てみると、特段「ＥＳＧ」を謳っていない他の投資信託との重複銘柄も多く、投資家の耳目を引くために単に「ＥＳＧ」の看板を掲げているだけなのではないかと思わざるをえない商品もあります。

要するに、これまでやってきたことが「ＥＳＧ」や「ＳＤＧｓ」と呼び名が変わったというだけのことです。その意味では、会社の組織名などを変えるのと、ちっとも変わりません。

会社にとっていちばん大事なのは、薄っぺらい見栄えの良さや世間体ではありません。「実行力」です。

イギリスの人類学者が発表したデータによると、ＳＤＧｓの達成度を国ごとに評価する「ＳＤＧインデックス」上位の国々は、資源消費量や温暖化ガスの排出量だけでなく、化学物質の環境への排出量といった点でも各国に許容される範囲を大幅に超えています。

全世界がＳＤＧインデックス第一位のスウェーデン並みの消費をすれば、生態系や環境への負荷は現在の三倍になるそうです（二〇二〇年一〇月八日「ニューズウィーク日本版」）。ちなみに「持続可能な開発ソリューション・ネットワーク」（ＳＤＳＮ）が発表した各国のＳＤＧｓの達成状況（二〇二〇年）は、一六六ヵ国中、日本は二〇一九年の一五位から一七位と順位を下げました。

再生エネルギー政策に見る「日本の劣化」

日本政府の環境対策にも立派な「お題目」が掲げられました。菅義偉政権の「脱炭素宣言」です。

菅首相は二〇二〇年一〇月の所信表明演説で、再生可能エネルギーを最大限導入し、原子力政策を進めることによって温暖化ガスの排出量を二〇五〇年までに実質ゼロにするとアピールしました。

国民はこの首相の「宣言」をどこまで信用しているのでしょうか。私はまったく信用しておりません。一例を挙げます。

二〇二〇年一二月一五日、経済産業省、国土交通省、民間事業者による「洋上風力の産業競争力強化に向けた官民協議会」が開かれ、梶山弘志経産相は「温暖化ガス排出の八割以上を占めるエネルギー分野で鍵の一つが洋上風力」として投資を促進する制度の整備を約束しました。

目標は二〇四〇年までに洋上風力を最大四五〇〇万キロワットへ拡大することです。再生可能エネルギーの先進国ドイツでさえ同年に四〇〇〇万キロワットの目標ですから、極めて野心的な目標と言っていいでしょう。

ところが、その翌日の一二月一六日、経産省は福島県沖に設置した浮体式洋上風力発電の実証実験施設を二〇二一年度中にすべて撤去する方針を正式表明しました。東京電力福島第一原発事故からの復興の象徴と位置付け、計六〇〇億円を投じた事業ですが、民間への譲渡を模索していたものの採算が見込めないと判断したのです。

しかし、さらに翌一二月一七日、脱炭素社会の実現に向けて幅広い分野から意見を聴く「全国フォーラム」で、菅首相は二〇五〇年までに温室効果ガス排出を実質ゼロにする政府目標に触れ、「二〇五〇年ゼロへの挑戦には、世代や分野を超えて対話や発信を継続し、取り組みの裾野を広げることが重要だ」と強調しました。

大々的に洋上風力の拡大を掲げる一方で、巨費を投じた鍵となる技術の実証実験施設は不採算を理由に撤収する。その舌の根も乾かぬうちに「再生可能エネルギーを最大限導入」する脱炭素社会実現を訴える。

いったいどうなっているのか。

台風が多く、遠浅の海がない日本で浮体式洋上風力発電を拡大していくには、高度な技術力が欠かせません。漁業権をめぐる利害調整においても、国による強いリーダーシップが必要です。

ところが、わずか三日間の間で方針が二転三転する。そんな政府のリーダーの言葉を誰が信用できますか。二〇五〇年の目標が達成できなかったら、宣言した当人はどう責任をとるというのでしょうか。

再生可能エネルギーの主力電源化を掲げる一方で、九州では大量の再生エネルギー電力が捨てられていることが報じられました（二〇二一年五月二六日付毎日新聞）。九州電力では電力が余りそうな日は「出力制御」を行っていますが、原発がフル稼働している晴天の昼間は原発四基分の再生エネルギーが捨てられているといいます。

私が伊藤忠の社長だったころ、ある電力会社のトップに原発について尋ねたら、「担当役員が全部やっているから私はよく知らない」という答えが返ってきました。原発が日本の主要電源だったころの話です。電力会社トップの無責任ぶりに唖然としました。日本のエネルギー政策の実態は政府も民間もその程度なのかと呆れます。

会社がなくなる！

以上のように、会社と資本主義の変遷、その目標やメッセージを追っていくと、それが意味する内実が大きく変わってきていることがわかります。

株式市場を見ても、いまやマーケットを動かしているのはＡＩであり、前述した五つのステークホルダーではありません。会社のためにも株主のためにも株式市場は動いていないのです。

またこれまで見てきたように、貧富の格差は世界中でとどまることなく拡大しています。この趨勢はこれまでの消費と生産の構造を根底から変える可能性があります。

たとえば、中国で一九九五年から二〇〇九年ころに生まれたいわゆる「Ｚ世代」（ジェネレーションＺ）はいまや約二億六〇〇〇万人、中国全人口の一八％以上を占めるまでになったとのことです。

一人っ子政策で富裕層のもとに生まれ、いわゆる「デジタルネイティブ」であるＺ世代が消費の全体を牽引し、その勢いは急速に増しています。

Ｚ世代が買い求めるのは、ファッションや化粧品の高級ブランド品です。あるいは、中国や韓国のメーカーは数十万円から一〇〇万円の冷蔵庫や洗濯機、約九〇〇万円の巻き取り式有機ＥＬテレビなどを販売し、日本のメーカーも高級家電で中国市場に参入するようになりました。この傾向は今後も加速し、しかも中国だけにとどまらないでしょう。

高級品を買う消費者が半数を占めるようになれば、高級品をつくる生産者も半数になる。ではこれからの会社は、世界の金持ち向けにつくる会社と、世界の貧乏人向けにつくる会社で二極分化するのか。中小企業は後者を担うようになるのか。

消費構造と生産構造が変われば、ステークホルダーが変わり、それに応じて会社の構造も変わらざるを得ません。

アダム・スミスが「見えざる手」と記してから二世紀半。フリードマンが株主第一主義を掲げてから半世紀。当時「会社」と呼んだ組織の働きや仕事内容とはまるっきり変わったにもかかわらず、さして疑問を抱くこともなくいまもそれらをひと括りにして「会社」と呼んでいる。日本では、世代や業種を越えて「会社」という名前のまま、何の混乱も起こらないのだろうか。

「会社」という名前はもはや必要がなくなるのかもしれません。少なくとも「会社」という名前や形態にとらわれていると、時代に取り残されていくでしょう。「会社」という名前や形態以上に、仕事の内容が組織の名前を表すようにしていかなければ、国際的に通用しなくなります。

私たちには「会社がなくなる」時代を生きていくという自覚が求められています。

第二章　ＧＡＦＡも長くは続かない！

――これから世界を支配するのは中小企業だ

ダウ採用銘柄に見る企業の栄枯盛衰

株主主体の資本主義が見直しを求められる中で、「会社」という名前やその姿の転換を迫られています。

会社はなくなるかもしれない、なくならないにしても、この五〇年間、業界ナンバーワンであり続けた会社を私は寡聞にして知りません。

コロナ禍によって莫大な収益を上げているのは、ＧＡＦＡ（グーグル・アップル・フェイスブック・アマゾン）のような巨大ＩＴ企業です。

ところが、法人税の負担率が自動車や電機、機械といった従来型企業より低いとの指摘を受けるなど、これらの企業の発展がどの程度、実体経済や経済成長に寄与・貢献しているのかはわかりません。

現在は世界中の企業の中でも、ＧＡＦＡ、ＧＡＦＡと我が世の春を謳歌していますが、それも長くは続かず、早晩、その座を交代させられるでしょう。

グーグルやフェイスブックよりも広告が効く企業・サービスが新たに出てくる可能性もあります。アマゾンにわざわざ出店・出品せずとも、自社ＥＣサイト（ネットショップ）を立ち上げ、自らＳＮＳで宣伝したほうがいい時代が来るかもしれません。

アメリカの代表的な株価指数「ニューヨーク・ダウ」（ダウ工業株三〇種平均、ダウ平均）は、アメリカのさまざまな業種の代表的な銘柄三〇社を選出し、平均株価をリアルタイムで公表しています。構成銘柄は時代の変化に合わせ入れ替えがなされ、時代のトレンドになっている企業が組み込まれます。

選ばれるのは現代の産業を牽引する世界のリーディングカンパニーばかりなので、その変遷を見ると、産業のトレンドをおおよそつかむことができます。

一〇〇年以上の歴史を持つニューヨーク・ダウですが、算出開始から現在まで残っている会社は皆無です。当初の構成銘柄は鉄道株と工業株が中心でした。いまではアップルやマイクロソフト、IBMなどIT関連銘柄が多数組み込まれています。

その入れ替えを見ると、名門企業であろうと成熟企業であろうと、容赦なく弾かれていることがわかります。代表的な除外企業と採用企業を見てみます。

一九七九年　クライスラー（自動車）→IBM（情報機器）
一九九一年　USスチール（製鉄）→ウォルトディズニー（エンターテインメント）
一九九九年　グッドイヤー（タイヤ製造）→インテル（半導体）
二〇〇九年　GM（自動車）→シスコシステムズ（ネットワーク機器）

二〇一五年　AT&T（通信）→アップル（情報機器）
二〇一八年　GE（総合電機）→ウォルグリーン・ブーツ・アライアンス（ドラッグストア）
二〇二〇年　エクソン・モービル（石油メジャー）、ファイザー（製薬）、レイオセン・テクノロジーズ（軍用機器・航空宇宙）→セールスフォース、アムジェン、ハネウエル・インターナショナル

エクソン・モービルに代わって採用されたセールスフォースは顧客管理・マーケティングをはじめ、業務を効率化して売上をあげるためのクラウドサービスを世界中で提供しているIT企業です。「データ＝二一世紀の石油」の象徴として受け止められました。

アムジェンは循環器疾患、がん、神経疾患など未だに有効な治療法が見つかっていない病気の薬を開発している先進的なバイオ医薬品の企業。ハネウェル・インターナショナルは航空宇宙製品、半導体素材、自動車製品、電子素材などを幅広く扱っている大手総合テクノロジー企業です。

国際的に知られる重厚長大産業は時代の移り変わりとともに退場を余儀なくされ、データを扱うIT関連企業がますます存在感を増しています。最先端のバイオ医薬品銘柄が選定されているのも時勢を反映しています。

資本主義は段階的に発展する

私は基本的に資本主義の発展段階説を取っています。

これまで見てきたように、イギリスをはじめとするヨーロッパで発展した資本主義の主舞台は、二〇世紀に入ってアメリカに移行します。資本主義はいわば第二段階に入り、アメリカがその第一歩を踏み出すわけです。

産業資本主義を先導するアメリカの後を追いかける国が次から次に出てくる中で、第二次大戦後、猛烈な勢いでアメリカの経済・産業の後を追い上げてきたのが日本です。その結果、アメリカと長期にわたる貿易摩擦を起こしました。

一九六〇年代半ばから日米間の貿易収支が逆転して、アメリカの対日貿易が恒常的に赤字になって問題が一気に噴出します。七〇年代以降、繊維、鉄鋼、牛肉・オレンジ、自動車、テレビ、半導体……続々と米国から輸出規制の要求が突き付けられるようになりました。いわゆる日米通商交渉です。

たとえば世界の鉄鋼の半分を占め、日本のほぼ二〇倍もの鉄鋼を生産するなど技術や規模において冠たる地位を占めていたアメリカの鉄鋼業は、なぜ力を失ったか。

彼の地で発展した鉄鋼業も三〇年、四〇年と時間が経つと、設備が老朽化、旧式化します。ところが日本の鉄鋼産業は最新鋭の設備を導入することができました。後発の〝特権〟です。

私は当時、日本の鉄鋼会社の社長から直接聞いたことがあります。

「アメリカは日本を追うことなんてできませんよ。まず設備が違うんだ」

長期にわたって寡占体制を維持してきた業界では、技術革新や製品開発といった競争を怠り、経営的にも硬直して国際的な視野の欠如をもたらしていました。

技術戦略の軽視や消極性は、戦後の画期的な革新技術の採用の大幅な遅れとなって現われ、一九六〇年代以降における日本などとの明暗を分けることになります。

さらに内陸部で鉄鋼を精錬していたアメリカに対して、海外からの鉄鉱石などを沿岸部に取り寄せていた日本には輸送コストがかかりません。アメリカは鉄鋼業を戦略産業として特別の重点を置いた日本の後塵を拝するようになります。

中国勢の後に続くアジア勢

ところが、日本の鉄鋼業の繁栄も長くは続きません。日本の後を追うように中国やインドが力をつけてきました。いまや世界の粗鋼生産量に占める中国のシェアは六割を超えています。日本は二〇一八年にインドに抜かれて三位に下落しました。世界の鉄鋼業界ではいま、アジアが牽引役になっています。

もちろん、業界勢力図が一変したのは鉄鋼だけに限りません。繊維、家電製品、自動車……日本がアメリカを追いかけ、追いつき、追い越していった分野は、今後次々と日本以外のアジア製に取って代わられるでしょう。いや、現にもう取って代わられつつあります。

たとえば、家電製品の中でも日本製カラーテレビは一九七〇年代にアメリカ市場の約四割を占めるまでになりましたが、その後、トップメーカーは台湾、韓国、中国へと移ってきました。中国の後を追いかけてくるのはバングラデシュ、パキスタン、そして繊維はベトナムです。

中国の労働コストの上昇を背景に、労働集約的な産業は中国から東南アジア、南アジアへ本格的にシフトしつつあります。

なぜ資本主義の発展段階があるか。最大要因は低賃金の労働力による低価格の実現です。中国を見てください。日本よりもはるかに安くできるから中国は台頭できた。中国の前には韓国や台湾、あるいは香港がありました。

家電製品のパナソニックやＮＥＣが中国で三〇年以上操業してきた過程で、中国は日本の技術を導入することにより、日本以上に低価格の製品をつくるようになりました。しかし、それもまたインドやタイが後を追いかけています。次から次に安い方向へ移っていく。新興国が競争力を持って追いかけてくるのです。原子力産業や鉄道も日本は完全に追い越されました。

スピードに欠ける日本企業

産業の主導役は資本主義の発展段階に応じて次から次に移ります。ところが、現在が日米貿易摩擦の時代と異なるのは、そのスピードです。かつては二〇年や三〇年はかかっていた移行期間が、いまはわずか五年、一〇年で追いかけてくるようになっています。それだけ設備投資も短期間でできるようになっています。

そのスピードゆえに日米通商交渉が継続したようには日中通商交渉は生じませんでした。情報の伝達や技術の移転、技術者の移動が猛烈な勢いで進み、交渉する以前に現実が進んでいきます。鉄鋼、繊維、電化製品の移行も、中国が主役の座を奪い取った時間の何分の一かで進むでしょう。

それだけ完全に経営構造、産業構造が変わってきたということです。会社のこれからについては、そこを考える必要があります。

たとえば二〇〇〇年代前半、薄型テレビの分野で出荷台数世界一を誇っていたのは、

「アクオス」を擁するシャープでした。同社だけでなく、世界シェアの上位にはパナソニックやソニー、東芝、パイオニア、日本ビクター、日立も名を連ねていました。

ところが近年は、サムスン電子やＬＧエレクトロニクスの韓国勢、ＴＣＬ集団、ハイセンス、スカイワースといった中国勢が上位を占めています。

あるいは携帯電話（スマホ）です。二〇〇〇年ごろ、世界の携帯電話出荷台数上位には、フィンランドのノキア、アメリカのモトローラ、スウェーデンのエリクソン、ドイツのシーメンスといった大手の後をパナソニックが追いかけていました。ＮＥＣや三洋電機も奮闘していました。

いまのスマホの上位にこうした企業名は跡形も残っていません。それに取って代わったのは、iPhone のアップル、ギャラクシーのサムスン電子、シャオミ・ＯＰＰＯ・ファーウェイといった中国勢です。

そのうち電化製品全般が韓国、中国勢、その後のアジア勢に取って代わられるでしょう。もうその足音が聞こえるくらい近くに迫っています。ひょっとしたら、今後はアフリカ諸国に取って代わられる可能性さえあります。

自動車も電化製品と同じ運命に

同じようなことが自動車産業にも起こります。現実にいま起きています。自動車産業はかつてのトップメーカーだったGMやフォードも日本車にトップの座を追いやられました。

ただ、産業構造が変転するスピードを考えながら、脱炭素の流れを考慮に入れて自動車産業の未来を考えると、どこが世界をリードするかは、もう少し様子を見る必要があります。

二〇二〇年の販売台数上位はトヨタ、フォルクスワーゲン、ルノー・日産・三菱、GMの順ですが、それに続いているのが現代自動車（韓国）と上海汽車（中国）です。近い将来、自動車業界でも薄型テレビや携帯電話で起きた逆転劇が繰り返されても決して不思議ではありません。

いまの生産コストを考えると、中国が出てくるのか。ベトナムに一部行くのか。あるいはタイかインドネシアか。それは安価な賃金で雇用可能な中間層をたくさん抱えた国になるでしょう。

私の持論から言うと、中間層の教育がある程度進まなければ、産業構造が安定せず、産業移転は起こりえません。その意味ではアフリカ諸国が躍り出るには、まだまだ時間がかかりそうです。

まず少数の中枢の人材が高賃金によって移ります。その人たち以外の大部分は非正規社員となる中間層で、非正規社員型の労働者を低賃金で使っていく国が牽引していくでしょう。いずれにしても、ドイツと日本のナンバーワン、ナンバーツーは早い時期に取って代わられます。

水素燃料電池車も簡単には普及しません。水素をつくって圧縮するために膨大な電力を要するからです。これから、どこがどんなタイプの自動車で主導権を握るか。いま、世界でいちばんヒヤヒヤしている経営者は、自動車メーカーのトップではないでしょうか。

世界の産業界は共通言語を持て

経済がグローバル化する中で大きな壁となっているのが、世界全体に共通する会計基準がないことです。企業の言語は会計であり、世界全体の産業界は共通言語を持っていないということになります。

企業の「利益」の概念をどう定義するか。何をもって「生産性」と呼ぶのか。減価償却は何年でしているのか。投資した時の税金はどれくらいか。各々についての基準が世界で統一されていません。

「こちらはそちらの国の会計基準で計算すれば、もう少し損が多い。損失計上しなければいけないのではないんですか」

「いや、私のところでは計上しないんです」

あたかも同じ言語で話しているかの如くしていますが、その実、正確なコミュニケーションは図られていないのです。

従来型の会計を抜本的に変えろ、というわけではありません。企業の会計原則を明確にして会計の統一化を図らない限り、世界のグローバリゼーションは完結しないということです。

当然「世界共通の会計基準」づくりを目指す動きはあります。ロンドンを拠点とする民間団体である国際会計基準審議会（IASB）が設定する会計基準の「国際財務報告基準」（IFRS）は、二〇〇五年にはEU域内上場企業に適用義務化され、現在は一一〇以上の国と地域で採用されています。しかしアメリカと日本には導入されていません。

たとえば、中国の自動車会社とアメリカの自動車会社をただちに同じ市場に上場できるかと言えば、できないでしょう。

社会主義国で計画経済を進める中国では、生産量が即売り上げになります。車を一〇〇〇万台つくったら売り上げも一〇〇〇万台。通常の資本主義国ではありえません。

一九九五年のことです。中国のビール会社二社の経営権を取得した際、相手の担当者との間でこんな驚きのやりとりがあったのです。

「つくったものは全部売り上げって、こんな決算できませんよ」

「いやいや、つくったんだから、それは売り上げになるんです」

「どこで売り上げたんですか？　売上金は？」

「知りません」

「知りませんって……」

「運転手が自動車で代金を持って商品を取りに来ます。つくったものはどんどん現金で売っていくので、すべて売り上げになります。だから商品もその辺にあると思いますよ」

会計上、生産量＝売り上げで「在庫なんか知りませんよ」ということになり、結局、商品はどこへ行ったかわからない。こんなこと、日本では考えられません。

もうそんな時代ではありませんが、地方へ行くと数えきれないほどある中小企業の中で、二重帳簿の問題に直面しました。市の政府に出す帳簿と私たちに見せる帳簿が違ったのです。

ＥＵとイギリスの貿易交渉みたいなものです。そのまま進めたら、また何十年か前の世界と一緒になります。こちらはこちらのやり方で、そちらはそちらのやり方で、という未熟な産業界のままでは、グローバリゼーションは頓挫しかねません。コロナ禍を機会に世界の未熟な産業界を抜本的に改めるべきです。

今後は「大企業の中小企業化」が進む

これから日本の会社はどうなるか。産業構造として一つ言えるのは、「大企業が中小企業化する」ということです。

もはやそれほど大人数の社員を必要としない産業構造の変化によって、中小企業のほうが魅力的になってくるのです。

どういうことか。

まず、これまでの製造業は一〇〇年余前のアメリカの自動車産業と同様、基本的には同じ仕様の製品を大量生産することによる価格競争で市場を制してきたと思われますが、今後は多品種少量生産の時代が来るでしょう。

たとえば、日本経済の屋台骨を支える自動車産業です。電気自動車（ＥＶ）化が急速に進む自動車産業は、これまで以上に系列の枠を越えた「組み立て産業」化が顕著になります。世界の自動車は二〇五〇年には約九〇％が電気自動車になると予想されています。

従来のエンジン式自動車は、数多くの複雑な精密部品でつくられているため部品を製造している系列企業間の調整が求められ、新規企業にとっては大きな参入障壁となっていました。

ところが、モーターやバッテリー、インバータなどの基幹技術の組み合わせで駆動させる電気自動車は、車体構造がシンプルで部品も少ないため比較的簡単に組み立てられます。

そうすると、電子機器の受託生産サービスで成長してきた台湾の企業のように、良質の部品を買い集めてきて組み立てて製品にしていくことが可能なため、他業種から自動車産業に参入しやすくなるでしょう。

あるいは産業の中核を担う半導体ビジネスも、大量生産から多品種少量生産に切り替えれば、対象の市場は小さくても少ない投資で採算がとれます。投資が少なければ同時にリスクも小さくなるので、独自のデバイスを開発する中小企業が競争力を持つことになります。

日本の企業は一九七〇年からどんどん大企業化してきました。日本企業の過去五〇年を振り返ると、複数の子会社の部署ごとにバラバラに支払っていた経費を大企業化することによって一つに集約し、経費をぐんと抑えてきました。

言ってみれば効率化です。この経費の集約化によって日本は世界の冠たる地位を確立しました。

やがて大企業社員の高給化に伴い、一人頭の経費は大企業のほうが中小企業よりも高くなります。すると今度は分散化へのベクトルが働く——この現象がいま、起きようとしているわけです。たとえば経理だけ特別の別会社をつくって、そこへ比較的低賃金の社員を配置して大企業の子会社にします。

それでも及ばず、人事部にいた五〇人を三〇人にして経費を落とす。部署をどんどん小さくする。こうして日本の大企業はどんどん子会社化して経費を下げていくわけです。今後、AI化、リモートワーク化が進めば、さらにスリム化できます。これは日本だけではなく、世界的な傾向です。

現在でも日本の企業の九九・七％が中小企業であり、従業員数でも七割を占めます。今後、AIなどのテクノロジーや人材投資によって中小企業の可能性を伸ばさなければ日本経済が立ち行かないことは明らかです。

中小企業のみなさん、これから世界を動かすのはあなた方だ！——ということです。

反復しつつ進化する資本主義

さらにコロナ危機による業績悪化をきっかけとして、資本金を一億円に減らして税制上の中小企業に転換する動きが相次いでいます。

旅行大手のＪＴＢのほか、中堅航空のスカイマーク、外食チェーンなど、コロナ禍にともなう外出自粛などの影響が大きい企業が目立ちます。言ってみれば、税制上の優遇措置を受けるための減資です。

中小企業の平均給与をもし下げるのであれば、中進国並みに落とさなければ競争力を持ちえません。それにもいずれ限界があって、そこまで落とすなら今度は中小企業を構造的に大企業化しようという動きが加速します。

これから二〇～三〇年間は「大企業の中小企業化」が進み、ある臨界点に達したところで再び「中小企業の大企業化」が始まるでしょう。つまりあと二、三十年したら、一九七〇年代と同じような「中小企業の大企業化」が起きるということです。

資本主義はそうやって進化しているように見えて同様のことを繰り返し、反復しつつも進化している。

戦後の高度経済成長を経て、五〇年前から「中小企業の大企業化」が進みました。現在の産業機械の変化のスピード、一人頭の労働力の生産性と費用などを鑑みると、今後は明らかに「大企業の中小企業化」が進みます。これが会社の未来の核心に触れるものだと思います。

「大企業の中小企業化」によって何が起こるかと言えば、またもや貧富の格差拡大です。大企業は少数の管理職的高給エリート正社員からなり、中小企業は低賃金のエリート社員からなる。こうした階層が生まれていくでしょう。

人材とアイデアをヨコにつなげて最適化せよ

さらに現在、注目を集めているのが、ギグ・エコノミーというビジネスモデルです。ギグ・エコノミーはいくつかのスタイルに分かれますが、一般的に「労働者が企業に就職するのではなく、インターネットを使って単発または短期の仕事を請け負う労働環境」を意味します。

その最大の眼目は、企業の就業規則に束縛されない、自由気ままな働き方です。たとえばコロナ禍をきっかけに急成長を遂げたフードデリバリーの「ウーバーイーツ」です。みなさんもロゴ入りバッグを背負って街中を疾走する配達員の姿をたびたび見かけるようになったはずです。

しかし、ここで私のいうギグ・エコノミーは、それとは違います。

同じギグでも、フリーランスとして企業内で単発の仕事を従業員が請け負う「社内副業スタイル」、あるいは従業員が会社に申請して社外で副業をする「社外副業スタイル」です。要するに「大企業の中小企業化」が進む中で、「副業」「セカンドワーク」が今後、日本のビジネスにおいて大きな役割を果たす可能性を宿しているということです。

というのも、いま、大企業ではその縦割り組織によって生産性を上げることが難しくなっています。大企業で働いている若者の多くは、縦割り組織の中で限られた仕事しかできない働き方に大いなる疑問を持っている。人口減少による人材不足や市場の縮小も、その傾向に拍車をかけるでしょう。

生産性を上げない限り、経済は発展しません。生産性を上げるために必要なのはイノベーションです。オープンイノベーションの起爆剤として「ヨコの関係でつながる」ギグ・エコノミーに期待が集まっているのです。

たとえば、午前中は所属する企業の仕事をこなす。午後は異なる企業の社員が数人ほどでつくった別の組織で働く。自分の専門領域を飛び越えたギグ・ワーカーたちが、そうしたプラットフォームをつくって新しい仕事を開発するわけです。

自動車企業で働きながら、医療や食糧などの分野でイノベーションを起こすこともありえます。イノベーション・カンパニーに投資するのは、タテにつながった大企業ではなく、たとえばシリコンバレーにいる投資家たちです。

こうしたビジネスモデルを可能にするのが、インターネットとＡＩです。

乗客とドライバーをスマートフォン経由でマッチングさせるライドシェアというサービスもＡＩがあってこそ成立します。人材やアイデアをヨコにつなげて最適化するには、ネットとＡＩは必須のツールとなります。

そしてギグ・ワーカーたちの新しいビジネスは当然、国境を越えて展開するでしょう。大企業に所属せずとも国際的な人材、技術の交流をすることが可能になるのです。

逆にいえば、そうして技術や人材の透明度を上げ、ヨコにつながるグループが技術革新を進めて生産性の向上を図らなければ、日本経済はもはや立ち行かない状況に陥っている、ということです。

個人が世界とビジネスする時代

もちろん、オンラインやリモートによる新しいビジネスの実現には、いくつか越えなければならないハードルがあります。同僚との対話の減少、労働者の孤立。

給与体系や社会保障、通勤手当、労災補償はどうなるのか。プロジェクトベースでギグ・ワーカーを採用することによって、もとからいる社員の人材育成がおろそかになってしまわないか。ギグ・ワーカーが会社にとって都合のいい「労働力搾取」になるのではないか。ギグ・ワーカーの浸透・拡大をめぐって、解決すべき課題は決して少なくありません。

「働き方の多様性」という耳ざわりのいい言葉のもと、労働者派遣事業が拡大し、派遣労働者が増加した時と同様、正社員がギグ・ワーカーに替わることによって、格差が拡大する可能性は否定できないでしょう。

とはいえ、注目したい先行事例があります。

二〇二〇年、ヤフーが副業人材（ギグ・パートナー）を公募したところ、四五〇〇人以上の人たちが応募してきました。最終的に日本居住者のみならず、中国とフランスに住んでいる人も含む一〇～八〇歳の一〇四人が「事業プランアドバイザー」「戦略アドバイザー」「テクノロジースペシャリスト」として採用され、秋から業務を開始したそうです。

同社のサイトには、「副業を通じて、さまざまな業種の方のアイディアを聞いてみたい」「普段と違った環境の中で、他のギグ・パートナーと切磋琢磨してがんばりたい」「新しい世界への挑戦に緊張と期待で興奮している」などといった、副業を前向きに捉える声が紹介されています。

このケースがうまくいけば、今後、正社員の性質はギグ・ワーカーに徐々に近づいていくかもしれません。転職が当たり前になり、プロジェクトベースの働き方が拡充していく可能性もあります。

これから三〇年の日本は、大企業ではなく、中小企業と個人が世界とビジネスする時代です。ギグ・エコノミーが従来の「会社」の概念を一変させ、「新たな組織（プラットフォーム・グループ）」の中核になるのはまだまだ難しいかもしれませんが、少しずつ壁を壊していくことです。

若い世代からなるギグ・ワーカーによるイノベーション・カンパニーが新しい産業を形成する可能性もあると思います。それがコロナ禍によって弾みがついたのです。

欧米流ジョブ型雇用への転換

もう一つ、「新たな組織」のかたちとしてイメージすべきは、その雇用システムです。新型コロナウイルスの影響によって、以前から日本企業の課題とされていた雇用システムがあらためて問われています。

日本の企業が従来採用してきた独自の雇用形態は「メンバーシップ型雇用」と言われます。新卒を一括採用し、入社後は業務内容や勤務地を限定せず、仕事をローテーションしながら、企業に合った人材を長期にわたり育成していく雇用システムです。

終身雇用、年功序列、企業別組合という「三種の神器」とともに、日本のビジネススタイルを大きく特徴付ける要因の一つといえます。日本の急速な戦後復興と高度成長を支えたのが、この雇用システムです。

これに対して欧米で一般的なのが「ジョブ型雇用」です。これは人材が持つスキルを重視して採用します。求人時点で、業務内容や勤務地、待遇、給与が明確にされていて、採用後にそれらが変動することはほとんどありません。

年齢や勤続年数ではなくスキルや成果で給与が変わり、評価が明確です。そのため従業員の退職・転職が多く、企業も人材が不要になった場合には解雇することもあります。

要するに、日本で主流のメンバーシップ型雇用が人に対して仕事を割り当てるのに対し、ジョブ型雇用では仕事に対して人を割り当てるわけです。

経済のグローバル化が進む中、働き方改革が叫ばれ、リモートワークが常態化するウィズコロナの時代を見据えて、日本の伝統的なメンバーシップ型雇用からジョブ型雇用に転換すべきだとの論調が熱を帯びています。

ジョブ型はいわば業績中心主義です。現在、増えつつあるフリーランスやギグ・ワーク、あるいはオンライン業務という働き方を進める限りにおいては、業績中心のジョブ型にならざるを得ません。

もちろん、定年までの雇用が維持され、長期で働くほど給与が上がるメンバーシップ型のほうが従業員としては安定的な生活が送れます。

しかし、急速な技術革新に伴って人材の流動性が高まるとともに、専門性の高い人材が求められるようになっています。

多様化する雇用スタイル

そこで注目されるのは非正規社員です。非正規社員はこの三〇年間増えてきており、雇用者の約四割を占めています。しかも若年世代ほどその割合が多い。

結果として経済格差や世代間格差を生み出し、やがて教育格差をもたらして貧富の差がますます拡大・定着するという問題を引き起こしましたが、雇用スタイルはおそらく今後、メンバーシップ型の正社員とジョブ型の非正規社員に二極化するという新たなかたちとして、これまで以上に社会の分断を進めると思います。

つまり、収入は安定していても業務や勤務地の自由が制限される正社員は割合を減らし、ジョブ型の非正規社員が増える可能性があるということです。

とはいえ、必ずしも正社員が高収入になるとは限らない一方、専門性の高い技術や資格を有するジョブ型の非正規社員が高い報酬を得る可能性もあります。非正規社員もそうした専門性の有無によって二極化していくでしょう。

あるいは、時期的にメンバーシップ型とジョブ型、正規と非正規を二段階に分けるというシステムも考えられます。

大学を卒業して最初から正社員として働くのではなく、何年かは非正規社員として懸命に働く。現場で汗を流し、経験と技術を身につけることで本社正社員として入社し、自らの技能を生かす。

こうしたシステムを生かすために非正規の仕事をコントロールする新たな人材派遣会社のような業態が生まれ、本社人事部と協同して新しい雇用形態をつくっていくことになるでしょう。

この場合、正社員はある程度の役職に就いて、非正規を含めた新たな「チーム経営」でイノベーションを生み出していく。そこにはチームへの帰属意識が生まれ、メンバー同士の強い結びつきが形づくられるかもしれません。

ギグ・エコノミー同様、社会保障費や労災補償をどうするのかといった解決すべき問題は多々ありますが、これからの働き方、雇用の仕方は決して一律ではなく、コースA、コースB……と多様化していくのではないでしょうか。

大企業で本社と子会社の間の格差、正社員と非正社員の格差が一定以上に拡大すれば、もはや一緒に働いている意味はありません。子会社は独立するかもしれません。非正規社員からフリーランスやギグ・ワーカーが出ることもありえます。

世の中が大きく変わろうとしている過渡期です。日本の経営者はその時代の潮流に乗ることができるでしょうか。時代や経済状況に合わせて変化する柔軟性を持ちうるでしょうか。

変わる勇気と覚悟を持った組織だけが生き残り、これからの世界を支配するのです。

第三章　いつまで上座・下座にこだわっているのか！

――「タテ型組織」を変革して会社を新生せよ

いまも上座・下座がはびこる会社組織

世界全体が大きく変わろうとしている時に、日本の社会はいっこうに変わらず、同じところでずっと足踏みしているように見えます。

もちろん、日本に限らず、世界各国にも変革に立ちふさがる壁はあります。アメリカでいえば宗教がそうです。進化論や地球が丸いことすら否定するようなキリスト教福音派が、いまも共和党の支持母体としてアメリカの政策に大きな影響力を持っています。

インドには何千年と続いたカースト制度という身分差別の壁が根強く存在します。中国やヨーロッパでも昔からの強固な慣習や制度はありますが、それを打ち破ろうとする試みはいっこうに成果を挙げていません。それほど各国にある壁は根強いものがあります。

では日本の「壁」は何か？

日本の会社も表面的には変わっているようでありながら、その根底にある構造は何も変わっていません。これは日本にとって必要な変化を阻む、根本的な要因です。

「変わらない構造」のなかでも、私がここで取り上げたいのは「タテ型社会」の病弊です。

日本の会社を考えるうえで、このタテ型社会は最も大きなテーマだと思います。タテ型社会という構造を根底から変えない限り、日本の会社も社会も変わらず、世界から取り残されていくでしょう。

日本社会が「タテ型」という見立ては一九六七年、社会人類学者の中根千枝氏が『タテ社会の人間関係』（講談社現代新書）という著書の中で明らかにして一気に浸透しました。

著者は、日本で見られる機能集団の特色は、個々人の資格や属性よりも「場」によると指摘しています。集団が形成される場に最初に就いた古株を頂点として、次に就いた者はその下位になり、というタテの関係ができあがります。

それは「長幼の序」という実年齢による序列とは違います。いつその場に入ったかという順番が親分・子分、先輩・後輩という序列を形作るわけです。だから先輩が後輩よりも年下ということもありえます。

場となる小集団は封鎖性という特徴を持つため、非常に親密な集団にもなりえますが、いじめや長時間労働、非正規雇用への差別待遇、天下りといった負の側面を生む温床にもなりえます。前章で取り上げた日本独自のメンバーシップ型雇用とも大いに関わる特徴です。

『タテ社会の人間関係』でタテ社会というのは、単に上から下への権力関係を示したものではなく（そうした命令系統は世界中にあります）、「上と下が組み合っている関係」と表現されます。

うまく組み合っていれば、下位の者が上位の者に遠慮なくものが言えます。両者の間には強い依存関係が見られ、その集団の活動が活発であるほどこの傾向は強くなると指摘されています。

いじめやパワハラの温床

この本を読んだ時、目から何枚もウロコが落ちる思いがしました。日本の企業社会に見られる特性を、長所や短所を含めて見事に説明できます。そして、その特性は私が会社員をしていた時代からいまに至るも、まったく変わっていません。

みなさんも胸に手を当てて思い起こしてください。企業には課長、課長補佐、係長といった役職に加えて「入社年次」という序列があります。会議の席でも「上座、下座」を意識します。宴会の席でさえ主賓や招待客のすぐ横が上座であり、入り口の方が下座です。

発言の順序や敬語の言い回しも、先輩・後輩という関係が決定します。人事や仕事について後輩はまず先輩に相談します。新興の会社が古くからある会社よりも業績が良いとしても、格付けとしては格式と伝統のある老舗企業をしのぐことはできません。

タテ型組織はパワハラやセクハラ、経営の世襲の温床でもあります。

二〇二一年六月、上司のパワハラが原因で自殺したトヨタの男性社員（二八歳）の遺族に社長が謝罪していたことが公表されました。上司は常に高圧的で「こんな説明ができないなら死んだほうがいい」「なめてんのか。やる気ないのか」といったパワハラ発言を日常的に繰り返していたそうです。

民間企業に対する厚生労働省の調査では、約八〇〇〇人の労働者の約三割が過去三年間にパワハラに遭ったと回答しています。

私の会社員時代はパワハラ発言など日常茶飯事でした。みんなの前で新入社員を徹底的にいじめている上司が同じ課にいました。

「なぜこんな簡単なことを間違えるんだ！　おかげでどれだけ周りが迷惑をこうむっているかわかっているのか」

新人は何度も謝っているのに、上司はねちねちと追及をやめない。そばで聞いていた私も入社二年の若造でしたが、ついに堪忍袋の緒が切れて、

「いい加減にしろ！　本人は十分に反省しているじゃないか！」

と上司に啖呵を切ってけんか寸前になったことがありました。私はのちほど課長に呼び出されて、

「相手は上司なんだから、ああいう言い方はだめじゃないか」と諭されました。

私はアメリカに九年間駐在しましたが、私が知る限り、こうした人間関係、組織の規範は欧米の会社にはありません。

彼らの世界は年齢や年次ではなく、富や権力、地位や資格がものを言う世界です。階層や階級によって輪切りになっている欧米社会と日本の組織のかたちはまるっきり異なることを痛感します。

「空気を読む」がもたらす不祥事

中根氏の言う「タテ社会」を、ここでは、縦割りの組織を含んだ「タテ型社会」「タテ型組織」と呼ぶことにします。日本企業で後を絶たない不祥事とタテ型社会は大いに関係があります。

たとえば「これはよく調査した上で、責任者が判子を押して確認するように」と規定にあっても、上司が「こんなややこしいのは下に任せておけ」と言うと、「任せておけ、任せておけ」で次から次に下へ下りていく。

上司にしてみれば、ややこしい仕事はすべて部下がやってくれるので、これほど楽なことはありません。

たとえおかしいと思っても、上司と異なることを部下はできません。上司の真似をしておかなければ、自分が上司を批判したことになるからです。「おかしい」と物申せば、逆に自分が左遷や人事で憂き目に遭いかねない。

さらに勇を鼓《こ》して社内外に告発すれば、上司が左遷されるか解雇されるかされ、当人は場の空気を乱した者として村八分に遭うでしょう。

二〇一五年に東芝の粉飾決算が明らかになりました。歴代の社長三代をはじめとする経営陣が「チャレンジ」と称して、達成不可能な目標を部下に課したうえ、強いプレッシャーを現場にかけて利潤の水増しをさせていました。業績が悪化しながら、一度獲得したステータスを維持しようと粉飾決算を続けたわけです。

東芝は二〇二〇年の株主総会の運営にも不正があったとして大問題になりました。

いずれも会計監査、社外取締役、第三者委員会といった、欧米にならって設置されたチェック機関が本来の機能を発揮し、ガバナンス（企業統治）が貫徹されていたら、避けられていた事態です。

しかし、ここでもタテ型組織の弊害たる「忖度《そんたく》」「長いものには巻かれろ」「空気を読む」といった悪しき風習が発揮されたようです。

不正がバレて、経営幹部がテレビで「誠に申し訳ありません」と謝罪すると、その部下も同じように頭を下げて謝っています。日産のカルロス・ゴーン事件、関西電力の金品受領問題、三菱電機の不正検査問題など、相次ぐ企業不祥事の構造は同じです。

社外取締役のウソ

「コーポレートガバナンス」というそれらしい横文字のもと、アメリカという〝親分〟あるいは〝先輩〟にならって導入が進む社外取締役ですが、設置されてもなおいっこうに不祥事が減らないのは、肝心の「中身」が全く伴っていないからです。

コーポレートガバナンス・コードは金融庁と東京証券取引所が二〇一五年、日本の成長戦略の一環として導入しました。経営陣へのチェック機能を働かせ、低い収益性を改善し、企業価値を高めることが最大の眼目です。

二〇二一年六月に改訂された企業統治指針では、プライム市場（二〇二二年四月に再編される東証の最上位区分）上場会社は株主などの利害関係者ではない独立した社外取締役を、以前の二人以上から三分の一以上に増やすよう求めています。

「同業他社はもう増やしている。ウチも早くやらないと」

「株主総会で追及されたら面倒くさいぞ」

上場企業のてんやわんやが目に浮かびます。

社外取締役増の狙いはいくつかありますが、取締役会に職歴や性別、年齢といった「多様性」を求める海外の機関投資家からの投資を呼び込みたいというのも、そのひとつです。注目の「ＥＳＧ投資」を促すため、社外取締役を増やして「Ｇ」（企業統治）を高めようというわけです。

私は以前から社外取締役不要論者として事あるごとに批判してきました。

日本の社外取締役には大きく三つの問題があります。

まずマーケットの不在です。アメリカとは異なり、社外取締役に同業他社の役員を招く日本企業はほとんどありません。従って他業界から選ぶことになりますが、繊維業界の経営者が鉄鋼メーカーの社外取締役になったとして、どんな助言ができますか。そもそも社外の人間に事業の実際がわかるのかどうか。いくら勉強しても限界があります。

私自身、何社かの社外取締役を経験しましたが、その会社の事業を経営陣並みに知ることなど到底無理な相談です。

「わが社の新しい商品です。食べましたか？」

「食べていません」

「この会社の株を持っていますか？」

「持っていません」

そんな連中がどれだけ多く集まっても役に立つはずがないでしょう。

担い手が限られるため兼任も多くなります。三〜四社の社外取締役を引き受ければ、自分の会社でさえ不勉強な上に、それらの企業の経営戦略や重要事項を勉強する時間はなおさらなくなります。社長・会長時代に複数社の社外取締役を掛け持ちした経験者が言うのだから間違いありません。

現在、東証一部上場企業のうち、社外取締役が三分の一に満たない企業は四割強の約九〇〇社あり、ざっと一〇〇〇人が不足しているとされています。結果的に社外取締役の争奪戦が繰り広げられることになります。

ヘッドハンターに対して、多額の報酬を求めたり、数社の兼任を求めたりする元経営者がいる一方、上場企業側もいかにコストをかけず社外取締役を引っ張ってくるかに腐心していると聞きます。つまり「人物本位」ではなく、「数合わせ本位」ということです。

二つ目の問題は、経営トップが社外取締役を任命することです。経済産業省が実施したアンケートでは、六五％の社外取締役が「社長・CEOが私自身の指名を主導した」と回答したのです。

「監視される側」が「監視する人」を選び、多額の報酬を与えている。しかも社外取締役はほとんどが退職後の高齢者で、退職後の小遣い稼ぎが目的の人たちも少なからずいます。彼らが経営トップに対して物申すことができるでしょうか。

結果的に、社外取締役に期待される監視機能、経営改善機能は絵に描いた餅になりがちです。前述の東芝がいい例です。最近も、社外取締役がいるＮＴＴの幹部が、総務省の官僚をひそかに接待・会食していた問題が発覚しました。

現場経験や専門知識に欠け、社内の特殊な事情や業界の慣習にも疎い社外取締役に、悪知恵を利かせた組織ぐるみの不正を見抜くことなど、できるわけがありません。まともなチェック機能が働かないので、社外取締役の増員はむしろ不正を増大させるでしょう。

企業統治指針はもともとアメリカにならって定めたものです。二〇二〇年に死去した米ゼネラル・エレクトリック（ＧＥ）元会長のジャック・ウェルチ氏は、卓越した経営手腕から「二〇世紀最高の経営者」と呼ばれましたが、一方で引退後も会社のプライベートジェットを使い続けるなど公私混同が目立つ人物でした。企業統治指針の本場・アメリカのＧＥの社外取締役は、ウェルチ氏の行動をチェックできていたのか。

社外取締役を増やしたからといって不祥事を減らせるわけではありません。

社外取締役がいなくても、立派に経営している中堅・中小企業はたくさんあります。

社外取締役で業績は上がったのか検証せよ

さて三つ目が最大の問題です。社外取締役を増やすことによって、本当に会社の業績が上向くのか、という根本的な疑問です。

私は経営者の方々に聞きたい。

なぜ社内の取締役ではダメなんですか。

社外の取締役でなければ会社はうまくいかないんですか。

社外取締役を増やせば増やすほど、会社は本当に良くなるんですか。

アメリカやドイツを見てください。社外取締役を数多く置いた企業の業績が上がり、あまり置かなかった企業の業績が悪化していますか。

根源に戻って考えてください。アメリカのまねをして社外取締役を増やせば、会社はよくなるなど、誰が言って誰がそういうふうにしたんでしょうか。

私の経験では、社外取締役に名を連ねる年寄りの経済人や学者、法曹人が何か新たなことを成し遂げたケースにお目にかかったことがありません。時代に即応した経営センスや経済戦略を持ち合わせているとも思えません。

実際、経営者に本音を聞くと、「社外取締役はほとんど役に立っていない」という声を多く耳にします。ガバナンス強化に取り組んでいる姿勢を見せるための「ウインドー・ドレッシング」（陳列窓の飾りつけ）に多額の報酬を払っているケースが少なくないのです。

もちろん、社外取締役の存在が機能して、経営に好影響が出ているケースもあるでしょう。だったら会社の規模の大小、業種、文化の違いも無視して一律の基準で導入を進める前に、社外取締役の経営への影響を調査し、科学的に効果を検証すべきです。

日本の企業を社外取締役が多い順に並べ、業績を記していったらどうか。社外取締役が多いほうが業績を上げていれば、初めてその存在意義がデータで裏付けられることになります。

社外取締役の割合と業績、取締役会への出席率、発言内容などの検証は必須です。定期的にＰＤＣＡ（計画・実行・評価・改善）のサイクルを回して社外取締役の有効性を高めていくべきです。その上で、各企業が自社のガバナンス強化に最も効果的な手段を選べばいいじゃないですか。

企業に求められるガバナンスのあり方は、時代によっても変化します。日本に求められるのは単に「アメリカに右にならえ」とばかりに追随するのではなく、自らの文化と風土のもとで創意工夫し、実効性のあるガバナンスを新たにつくっていくことです。

前任者の顔を立てるという論理

タテ型社会の論理は企業社会に限った話ではありません。

私は政府の経済財政諮問会議をはじめとした審議会の委員に加え、中国大使を二年半務めて役人たちと付き合ってきました。彼らの世界こそまさにタテ型社会の論理で動いていました。

大使時代、私からすると非合理的に思えた案件を認めなかったことがあります。実際にハンコを押さなかったのです。すると、監査担当者から言い渡されました。

「丹羽大使、あなたの前の大使たちは、過去何十年とそれをやってきています。それをいままでやらなかった人は一人もいませんよ」

「過去やってきたからといって、それが理に合わないことならやめるべきでしょう。なぜやめちゃいけないんですか」

「ずっと何代も続けてやってきたことをあなたがやらないとなると、何かあった場合、あなたは前任者たちを全員否定することになるんです」

「そんな恐ろしい話じゃないでしょう」

前任者たちは認めていたかもしれないが、バカバカしくて認めることなどできない、だからハンコを押さない、そう私は主張したわけですが、こうした事態を組織として認めれば、論理的には前任者たちは全員「バカバカしいこと」を認めていたことになります。

すなわち前任者たちを否定することになるというわけです。いつの間にか「いまの大使は前任の大使を批判している」と本省のほうに報告が行って、ひと悶着です。合理性とか効率性よりも「先輩の顔を立てる」という場の論理が優先するわけです。

前例や慣習を優先する悪しき文化

これに類することは日常茶飯事でした。たとえば大使館における部下が自己評価の点数に一〇〇点をつけてきたことがありました。到底受け入れられません。

「おい、心の底から自分の仕事はすべてにおいて満点で、これに勝るものはないと思っているのか？」

「私は最初、○○省に入省して以来、一〇〇点以外をつけたことは一回もありません。それですべて通ってきました」

「バカヤロー。それで通ってきたから、ここでも通るなんて思うな。だからろくでもない連中が出てきたりするんだ！」

思わず言葉を荒らげてしまいました。逆のケースもあります。△△省の部下が自己評価に実際よりも低い六〇点をつけてきました。

「どうして自分の評価にこんな低い点をつけてくるんだ？」
「周りと比べると、私の英語力は六〇点がいいところですから」
「バカ正直にもほどがあるだろ。〇〇省出身者が一〇〇点、△△省が六〇点だと、一〇〇点のほうが出世することになる。もうちょっとものを考えて、だいたいこれくらいかなとやりなさい」

合理的、客観的判断よりも、組織内の前例や慣習を優先する悪しき文化です。

私は民間出身者で大使に就いた初のケースでした。もともと外務省で出世しようなんてハナから思っていません。国のために自分の知識や経験が役に立つならば、と伊藤忠取締役相談役を辞して引き受けたわけです。

「いや、丹羽大使、楯を突くのは絶対やめたほうがいいですよ。あなたがそんなふうに振る舞うと、あなたをそそのかした部下がいるんじゃないかという詮索が始まりますから」

そんな〝助言〟もありました。要するに前任者と違うことをするな、という前例主義。上司が「ごめんなさい」と謝れば、部下一同もそれにならって「ごめんなさい」と謝らなければいけない付和雷同の処世術です。

政府の審議会や委員会の委員を務めた経験から、私は次官や局長が来ない省庁の会議は用をなさないと繰り返し主張してきました。トップ、上座、エライさんが出てこなければ、日本の社会は何も通らないからです。権限も責任もない下っ端の役人ばかりでは、いくらやっても埒《らち》が明かないということです。

安倍政権で「忖度」という言葉がはやりましたが、役人の世界はまさに忖度なしには生きていけない世界でした。

役人は、言われたことは忠実にしっかりやる、言われたこと以外はやってはいけないという行動規範が身に染み付いています。つまり「ネガティブリスト」ではなく「ポジティブリスト」の考え方です。

ネガティブリストは「禁止したもの以外はすべて許可」、ポジティブリストは「許可したもの以外はすべて禁止」という世界です。

日本の官僚組織に典型的に見られるポジティブリストの規範が新たなイノベーションを阻《はば》み、縦割り主義を生み、権限と責任の所在をあいまいにしています。森友学園問題しかり、加計学園問題しかり、総務省幹部接待問題しかり、昨今耳目を集めた社会問題のすべてに共通する病弊です。

私が社長時代に各省庁で働く若手官僚に呼ばれたことがありました。彼らは匿名で自由に発言する委員会をつくったり、直接大臣に手紙を書いたりという活動をしましたが、残念ながら一〇〇年以上続いている役人の壁を打破するのは難しく挫折しました。

役人の仕事は、一〇〇年以上続いた家父長的なタテ型社会です。これをどのように打破するか。一つの省庁だけでも、デジタル化だけでもできない難題です。

上に立つほど気持ちいい

タテ型の組織がすべて悪いというわけではありません。ただし、その長所と短所を正確に見極めておくことが必要でしょう。

短所としては、閉鎖集団ゆえの前例主義、忖度、不祥事の温床、非合理な慣習などを述べてきました。セクショナリズムや長時間労働の温床、いじめやパワハラ、官僚の天下りなども挙げられます。

問題やトラブルが生じた時は直属の上司にまず報告、連絡、相談しなければなりません。

「先輩のおれに相談もなく、直接部長に報告したのか」

「おれに黙って、よその部の人間に相談したのか」

こんな揉《も》めごとはいまも日常茶飯事です。

直属の上司にトラブルを相談しても、その上司が発覚を恐れてもみ消した場合、問題は表面化せず、不正が潜伏することになります。

タテ型社会がいつまでも変わらないのはなぜか。タテ型社会では「上に立つ者ほど居心地がいい」からです。改革できる力を持つ者が改革を要しないという構造です。

上司の鶴の一声で物事が決まり、「部長はそうおっしゃいますが」と歯向かう部下はまれです。部下からすれば、それだけ悔しい思いをすることにもなります。

私が業務部長でヒラの取締役だったころの話です。最初に出た役員会議で言いたいことを遠慮会釈なく言っていたら、当時の副社長から、

「バカヤロー。たかがヒラ取の分際でエラそうな口を叩くな！　おれに文句を言う立場じゃないだろう！」

と一喝されたことがありました。私は「文句」を言った覚えはなく、単に自分の意見を率直に述べただけです。しかし、それ以上は何も言えませんでした。

単なる取締役から常務取締役、専務取締役、代表取締役と権限が大きくなります。私はそのとき、

「ちくしょう、いまに見てろよ。絶対、常務になって発言権を持ってやる！」

と固く誓いました。自分が社内でえらくなりたいと思ったのは、後にも先にも、この時だけです。

もう一つ、タテ型社会の問題点は、リーダーが年長者になってしまうという点にあります。

タテ型社会においては個人の属性・資格よりも、その組織にどれだけ早くに参加したかが問われるため、どうしても古株の年長者がトップに就くことが多くなります。

最初に就いた古株を頂点として、次に就いた者はその下位になり、というタテの関係ができあがります。若年世代がリーダーのポストを占める可能性はほぼありません。

世界的な経営戦略コンサルティング会社「Ｓｔｒａｔｅｇｙ＆」が実施した世界のＣＥＯ継承に関する調査結果によると、日本における新任ＣＥＯの中央年齢は六〇歳前後であり、世界平均の五三歳に比べると飛び抜けて高いことがわかります。

また二〇二〇年時点で日本の歴代首相の平均年齢は六二歳で、世界平均の五二歳よりも一〇歳高く、若い国会議員の割合も世界最低クラスです。高齢化率の高いイタリアやフィンランドでも多くの若い国会議員を輩出しているので、高齢社会のため政治家が高齢になるのは仕方がないという言い訳は通用しません。

タテ型社会が「老人大国」を形作っているということです。

チーム経営と「死なば諸共」

タテ型社会の長所としては、部内なり課内なりその小集団の内部ではトップから部下へと連絡が伝えられ、内部の意思統一が図られやすいことが挙げられます。そして動員力に富んでいます。

私は、日本の会社に根付いた社員の働き方は「全員野球」だと主張してきました。個人主義と競争主義の欧米と異なり、集団主義と協調主義を旨とします。全員野球だから、社長がすべてを取り仕切っているわけではなく、社長の下に補佐する部下が多くいて、チームプレーで力を発揮します。

たとえば部長が部員たちに自らの仕事における目標を語り、その目標を現実的なビジョンに落とし込んでいく。そのビジョンを達成するためにタイムスケジュールを立てる。目標に到達したときに、部下たちチームが一丸となって喜びと充実感を共有できる組織こそが成功する会社だと述べてきました。

集団型のいわば「チーム経営」が日本企業の強みであることは事実でしょう。それが戦後日本の急速な経済成長を実現した大きな要因であるとも言えます。

チーム経営というと、傍《はた》からは「みんな仲よく肩を組んで」というヨコ型に見えるかもしれません。アメリカ人が見れば、

「日本人はみんな仲がいいね。野球と一緒で、九人なら九人で力を合わせて働いている」

と言うかもしれません。しかしチームといえども実態はタテ型です。課長をトップにしてチーム組織が編成され、その組織内では相変わらず先輩と後輩、上座と下座の序列が生きています。

私は、仕事が成功するかどうかは自分と一緒に死にものぐるいになって仕事に打ち込む部下がいるかどうかにかかっている、と考えてきました。拙著『部長って何だ!』（講談社現代新書）にも書きましたが、私はそれを「死なば諸共」と表現しています。

物騒な表現ですが、昇進や昇給は関係なく、この上司だったら自分は命と身体を預けて一緒に仕事をしたい、失敗しても悔いはない、と苦楽進退をともにして臨む覚悟を指しています。お金でも地位でもなく、人間と人間との交わりです。

こうした情緒を伴う先輩・後輩の強い絆は、タテ型社会であるからこそ実現するという側面はあるでしょう。

ただしそれは権力や権威で命令し、服従する関係ではありません。自分が直接所属する部署を超えて、一つの組織の中で力を持ち、かつまた人間的に魅力がある人間と結ばれる関係です。組織の中の一員を超えた個と個の結びつきという意味では、タテ型社会を超越した関係でもあります。

欧米の企業社会で「この人とは死んでも一緒にやろう」とまでいう人間関係は想像でき

ません。

私のもとには、いまだに元いた会社の社員から嘆願書のような手紙が数多く寄せられます。社長や会長を辞めて年月が経ち、もう何の権限も持ってないにもかかわらず、です。一定のご意見番的な役割を期待されているのかもしれません。これもまたタテ型ゆえの現象でしょう。

DXでもタテ型社会は変わらない!

タテ型社会の変革は、これからのリーダーの大きな仕事になるでしょう。しかしながら非常に難しい課題だと言わざるを得ません。

DX(デジタルトランスフォーメーション)という言葉が昨今、産業界を席巻しています。経済産業省が発表した「DX推進ガイドライン」によると、DXとは、

「企業がビジネス環境の激しい変化に対応し、データとデジタル技術を活用して、顧客や社会のニーズを基に、製品やサービス、ビジネスモデルを変革するとともに、業務そのものや組織、プロセス、企業文化・風土を変革し、競争上の優位性を確立すること」

と定義されています。

要するにDXとは、ITを活用してビジネスモデルや組織、企業風土を変革することを

意味します。ＩＴ化が業務の効率化などのために情報化やデジタル化を進めるものだったのに対し、ＤＸはそれを手段として組織や企業風土の変革を進めるというわけです。

どんどんやってください。

けれども、ＤＸが日本の企業におけるタテ型組織を本当に変えることができるのでしょうか。デジタル化することで、いろいろなデータが共有できて横の連絡が十分につくようになる……。

ウソをつけ。

多くの人は目新しい言葉に飛びつき、横文字にだまされていますが、デジタル化、情報化、数値化をするだけで日本社会に深く根付いた組織風土が変わるわけがありません。断言しておきます。

以前から企業はデジタル化も情報化も進めていますが、上座・下座、先輩・後輩、親分・子分の関係が少しでもなくなったでしょうか。

いっさいなくなっていません。

日本は一九九六年に「タテ割り行政の弊害排除」や「行政の透明化・自己責任化」などの目標を掲げ、中央省庁再編に着手し、二〇〇一年に一府二二省庁は、一府一二省庁に再編されました。しかし約二〇年を経て「タテ割り行政」は変わったでしょうか。

政府は行政の縦割りを解消してデジタル化を進めるため、二〇二一年九月にデジタル庁を創設することを決めました。デジタル化によってこれまで連携がなかった省庁や部署間の「ヨコのつながり」を強化しようというのです。

ぜひ強化してください。

しかし、私はいくらDXを進めても、日本のタテ型社会を変えることはできないと思っています。

なぜなら、それを推進しているのが、ほかならぬタテ型社会に染まりきった人間だからです。それは私の実体験に基づいた実感です。

ディビジョン・カンパニー制という試み

実は私は社長になって間もないころ、このタテ型の弊害をなくそうと他社に先駆けて大胆な組織改革を断行しました。事業部ごとに外部化して分社化する「ディビジョン・カンパニー制」です。

「繊維」「機械」「食料」「金属・エネルギー」などの各カンパニーの本部長が担当事業領域における経営の権限と責任を持ち、それぞれが数値目標を設定して経営管理を進める。各部門はその業界に適した人事制度や給与、勤務時間を柔軟に取り入れていくわけです。

企業が大きくなり、社会が複雑になればなるほど、タテ割り組織の弊害が目立ってきます。巨大化した会社を分割（＝ディビジョン）して、ヨコに権限を分散化することによって、迅速で柔軟な意思決定を実現することを狙ったのです。

いわば中央集権の分権化です。各本部長に権限をもたせながら、総本社を中心にカンパニー間のヨコの連携を強化して全社横断的な新事業領域の開拓を図ろうとしました。

組織を分割するとタコつぼ化が進み、やはり組織間の風通しが悪くなります。それに対応するため、ディビジョン・カンパニーごとに、各部署のトップ全員が一週間に少なくとも一回は集まって情報交換するよう命じました。

組織のトップを集めれば情報が集約され、効率的な意思決定ができると考えがちですが、要は最前線の現場における課題と成果に通じている人間でなければ、実のある話し合いはできません。

会合に実効性をもたせるため、情報交換がカンパニー内外で迅速にできるよう、カンパニーごとに実務をこなしつつ自由に動いて幅広い情報を持つ遊軍的な存在を一人か二人、専任にしました。

私はそうした遊軍役の人材を「新規事業開発室」という部署で育てました。しかし単に役割を与えればいいわけではありません。優秀な人材を引っ張ってこなければ、現実には役には立ちません。

組織の改革に失敗した

タテ型組織のほうが上意下達、号令一下でスピーディーな意思決定ができそうにも思えますが、現実はそうではありません。一つのことを決めるのに、上司―上司―上司と次々に上がって来なければ結論が出ません。

それぞれが権限を持たされていないため、社長のところに来るまでに判子を二〇、三〇と押さなければならない。私が社長になって最も早く着手したのは、二〇とか三〇押してあった判子を三つに減らすことでした。

「どうやっても六個は要ります」

「そんなことやっているからダメなんだ」

分社化・分権化するということは、決定の判子をもらうために本社に持ってくる必要はない、カンパニー代表の本部長の判子で決定しろということです。

ところが、いくら判子の数を減らしても、先輩・後輩、上座・下座はいっこうに変わりません。前述したように、タテ型組織は直属の上司への報告・連絡・相談が最優先されるため、トップにそのまま情報が伝わらないことがあります。上司に阻まれて意見を言えないケースもあれば、上司が握りつぶして社員の意見がトップに届かないこともあります。

一番下から一番上にメッセージが伝わるまでに何段階も経るため、最初の「白」という報告が、社長のもとに到着するときには「黒」になっているなんてことも起きがちです。組織としては風通しが悪くて不健全です。

社長時代、社員と直接コミュニケーションを図るために、社内のイントラネットとEメールを活用しました。一週間に一回は社員に向けてメッセージを発し、海外も含めると毎日二〇〜三〇の返信が来ました。こちらからは、できるだけその日のうちに返信しました。

毎週、二〇〜三〇人の部課長らと直接討論する場を設けたのも、風通しの悪さを改善するためです。

年に二回、全社員を五つほどのグループに分け、数百人を週末に集めて直接対話する「全社対話集会」も実施しました。私がまず会社の現状や経営計画など今後の方針を説明して、後は社員からの意見や質問を聴いたのです。手を挙げさせても質問は出ないので、匿名で紙に書いた質問を集めて私が直接答える方法をとりました。

直接ヒラ社員とコミュニケーションを取ろうとしたのは、もともとタテ型組織を打破しようとしたわけではありません。膨大な不良資産を抱えて会社が危機に直面していた時期だったため、ある意味非常手段を取らざるを得なかったのです。

いちいち「社長、どうですか」とお伺いを立てるといった悠長なことをしていては会社が潰れてしまうという危機感からの実践でした。

しかし結果的に、タテ型の改革という意味では私の試みは失敗に帰しました。いくら手を替え、品を替え、組織や制度をいじくっても、それだけで組織は再生しない、先輩・後輩、上座・下座は変わらず、タテがヨコにならないということです。

組織を動かしているのは人間です。人間を変えない限り、いくらコーポレートガバナンス・コードを導入しようが、高度監査委員会を作ろうが、組織の構造は変わらない。それだけ私たちの根底にタテ型意識が根付いていて、簡単には払拭できないということです。

権限と責任の明確化がタテ型を崩す

日本が抱える問題の底流にあるのは、「権限と責任」が実に曖昧模糊としているという点です。

簡単には壊れないタテ型組織を崩すことができるとすれば、まずは権限と責任をはっきりとさせることによってでしょう。

権限と責任は常に裏表の関係にあります。責任を果たすために十分な権限がなければ、取り組む前から、あきらめが生じます。それによって失敗したとしても、それは自分の責任ではなく、権限がなかったため、という責任逃れが生じます。

決められたことをそのまま放置してしまうのは、日本人の最も悪い習性です。互いに責任を追及することなく、すべての物事をうやむやにしたまま「まあ、いいじゃないか」「そうですね」で受け入れる性分が染み付いています。

例を挙げればきりがありません。戦争責任がまさにそうです。多大な犠牲を被ったにもかかわらず、誰も確たる責任を取らず、曖昧なまま過ごしてきました。巨額の財政赤字と国債の累増、年金問題、核のゴミ問題——。

最近では福島第一原発事故による燃料デブリと汚染水の処理問題です。事故処理費用は五〇兆円から七〇兆円と言われています。東京電力がそんな責任を取れるわけがありません。では誰が最終的に取るのか。国民でしょうね。国は問題を先送りしてまともに向き合おうとせず、国民もまた「上のほうがなんとかしてくれるだろう」と見て見ぬ振りをしています。

元陸軍大本営作戦参謀だった瀬島龍三さんが戦後、伊藤忠に入って最初に着手したのが、この権限と責任の明確化でした。瀬島さんは各部署の部長、部長代理、課長などの役職の定義を明確にし、その権限や部下の人数、給与に応じて責任の範囲を明らかにするよう指示しました。

私が副社長時代、瀬島さんの意見と異なる社の方針を社長に頼まれて伝えにいったことがあります。

「おれじゃどうも言うことを聞いてくれないから、丹羽君、すまないが、瀬島さんのところに行って話をしてくれないか」

タテ型社会の順序から言えば、社長を飛ばして副社長が進言するというのは憚られますが、直談判しに行きました。

「瀬島さん、これはちょっと違うと思います」

けんかをしているわけではなく、意見を述べているのです。そこには先輩も後輩も、上座も下座もありません。

以前は会長から相談役、特別顧問に就いた「偉い人」かもしれませんが、経営の権限と責任を担っているのは社長です。その代理として私は権限をもって向き合います。当然、責任も取ることになります。要は、

「自分はあなたよりも伊藤忠を愛している。あなたは体を張ってまで会社を良くしようとしているか」という覚悟と気迫です。

日本の会社も日本人も、そろそろ自らの「いい加減さ」を自覚して、それぞれの権限と責任の所在、責任の取り方を明確にする。そしてそれを引き受けるだけの度量、大きな心を持たなければいけません。

会社における権限と責任を明確にして、失敗をした人間にはペナルティーを与え、成功した人間には報酬を与えることです。

もちろん容易じゃありません。体を張って事に当たらなければならない。よし、おれが責任を持つ。会社を辞めてもいい。すべてを失ってもいい。その代わり、おれに責任と同時に権限をください——。それくらいの覚悟を持つことです。

価値観を変えることが改革への第一歩

私は副社長、社長時代を通じて、さまざまな改革を実行してきましたが、タテ型社会の改革については前述のように、はかばかしい成果を得られませんでした。

なぜかと考えるに、やはり私の血液の中に脈々と受け継がれてきたタテ型意識が払拭できなかったからでしょう。上座に奉られ、「先輩」「親分」と立てられると、人は気持ちよくなるという抗しがたい性《さが》のようなものがあります。

「丹羽さんに報告したか」

「丹羽さんに聞かなきゃだめだろう」

そう言われると、悪い気はしません。最後は自分一人だけでは改革はできないという現実と、いざとなればやっぱりわが身がかわいいという思いが壁になります。生身の人間の限界でもあります。

繰り返して言うと、組織や名前を変えても根底にある構造は変わりません。なぜなら、会社を動かしているのは組織や名前ではなく人間だからです。

つまり会社を構成している経営者なり社員の根底にある考え方なり価値観を変えない限り、会社は根本的には変わらない。

組織や制度をつくるのは簡単です。しかし、人間を育てるのは一筋縄ではいきません。会社を変えようとするならそこで働いている社員を、省庁を変えようと思えば省庁で働いている役人を変えない限り、その組織は変わらない。

小選挙区制にして政治が何か変わったでしょうか。本質は何も変わっていません。代議士そのものが全然変わっていないのだから当然です。

では人間が変わるにはどうすればいいのでしょうか。いま、社会の中枢にいる人間には期待できません。骨の髄までタテ型意識が染み付いているからです。その血液の根底にあるものを変えるのが難しいということを、私は自分の苦い経験から学びました。

上からは社会構造を変えることはできないし、人間を変えることもできない。上からの号令で「変われ」と言って変わるのなら、それこそまさにタテ型社会の現れです。タテ型意識を変えるのは下からでなければできません。

社会構造を変えるのは下からです。では「下」とはどこか。

Z世代への期待

タテ型社会が窮屈なのは、そこに自由と公平がないからです。

上座・下座の序列があり、後輩は先輩の顔を立てなければならない。民主主義の根本は自由と公平です。自由と公平は上から保障するものではありません。下から積み上げていくことで初めて改革ができます。

「下」とは国民です。国民の誰を指しているのか。おそらくいま、社会の中枢で活躍している人間から遠く離れたところにいる世代――少子化や核家族化の影響で、生まれたときから家父長制や年功制、上座・下座と縁が薄かった世代です。

たとえば、生まれたころからパソコンや携帯などデジタルツールに囲まれて育ったZ世代です。それまでの世代とは異なる環境に育って独特の感性を持ちながら、これからこの社会の中心として生きていく世代です。

もちろん、Z世代も一部は入社して、先輩・後輩となり、タテ型社会の洗礼を受けているでしょう。だとすれば、その次の「α《アルファ》世代」（ジェネレーションα）になるのかもしれません。

この問題は、明日の社会を担う次世代が下からこの社会を改革できるかにかかっている、と思います。

ＡＩを存分に活用すればいい。ただし、ＡＩもＤＸもすべて手段です。使い手が上座・下座を考えないならＡＩも考えません。ギグ・ワークも広げていけばいい。ギグ・ワーカーには先輩も後輩も上座も下座もありません。そこにはタテ社会には望めない自由があります。

下から変えなければ、上は変わらない。これを君たちが一つ真剣勝負でやってみろ。これから日本の社会構造を変えて新しい日本をつくっていくんだ——。

これはZ世代に向けてのメッセージであると同時に、そのZ世代を生かす先行世代に向けての訴えです。

Z世代の好きなようにやらせる度量を持った人間が上に立ち、自由に動けるような仕組みをつくる。たとえば日本の既成の価値観に染まらないよう海外など価値観の異なる世界にどんどん送り出す。いまの制度を温存していたら、日本はいつまで経っても変わることはできません。

もちろん簡単ではない。一気というわけにもいきません。時間も手間もかかりますが、日本が変わる可能性を宿しています。

私がなぜこうしてタテ型社会のことを延々と述べているかと言えば、コロナ禍をきっかけに、私たちの社会構造なり経済構造なりが変わるかもしれないからです。

コロナ禍がこれまで決して変わらなかったタテ型社会を打破して、異なる社会を構築するためのきっかけにならないか。

そして「新しい秩序」に基づく「新たな組織」を生み出すことになるだろう。

その意味では、千載一遇のチャンスに私たちはいま遭遇していると言えるのです。

第四章

アメリカと中国、真の覇権国はどっちか？

――米中衝突時代に求められる日本企業の役割

中国を「唯一の競争相手」に〝格上げ〟

ここまで資本主義という経済システムの揺らぎ、会社の消長と変転、日本の会社特有の「壁」について見てきました。

現在の経済をめぐる最大の焦点が中国にあることは言うまでもありません。そして対立を悪化させる米中関係の動向が、産業界のみならず、日本の未来を左右する重要な指標となることもまた言を俟《ま》ちません。

ここからはアメリカと中国がそれぞれ持つ独自の「壁」について考え、日本および日本企業は米中衝突の新冷戦時代をどう生きるべきか検討したいと思います。

アメリカは二〇二一年三月に発表したバイデン政権初の国家安全保障戦略で、トランプ前政権の国家安全保障戦略よりさらに踏み込んで、中国を「唯一の競争相手」に〝格上げ〟しました。

四月にはスーパーコンピュータを開発する中国の企業や研究機関など七社・団体を事実上の禁輸リストである「エンティティ・リスト」に加えると発表しました。アメリカが中国を対象にエンティティ・リストを拡大するのは初めてです。

これでトランプ前政権が始めた強硬な対中禁輸措置がバイデン政権に交代しても継続す

ることがはっきりしました。

アメリカは中国による半導体の調達を困難にする輸出規制の強化を進めてきました。半導体は〝産業のコメ〟と言われます。

私が即座に思い出したのが、一九七三年のアメリカ・ニクソン大統領が異常気象による穀物相場の高騰を背景に講じた大豆輸出禁止措置です。当時、アメリカは世界の大豆市場の九割を占めていました。

米国産大豆の最大輸入国だった日本への事前通告はなし。ニューヨークに駐在していた私は、ラジオで大豆禁輸の報を聴きながら、「何をやらかすんだ！」と憤慨しました。アメリカは「二度とやらない」と宣言しましたが、私は「ウソつけ！」と信用しなかった。事実、ソ連のアフガニスタン侵攻に強く反発したカーター大統領は一九八〇年、対ソ穀物禁輸を断行しました。

相手を追い詰めようとする時に持ち出される政策は、いつの時代も〝兵糧攻め〟ということです。

今回、さらに欧米諸国は「中国包囲網」を築き始めました。

アメリカ、欧州連合（ＥＵ）、イギリス、カナダは二〇二一年三月、歩調を合わせるかたちで、中国の新疆《しんきょう》ウイグル自治区での人権侵害を理由に中国当局者らにＥＵへの渡航禁止やEU域内の資産の凍結などの制裁を発動し、一方の中国は「内政干渉」と反発してEU側の四団体への報復制裁に踏み切りました。

また、アメリカでは下院議長が中国による少数民族や香港市民に対する人権侵害を理由に二〇二二年北京冬季五輪の外交的ボイコットを呼びかけるなど、トランプ前政権の「中国封じ込め政策」をさらに進めようとしています。

表面化した「新冷戦」

アメリカは友好国を巻き込んだ「中国版ココム」を考えているのかもしれません。ココム（対共産圏輸出統制委員会）とは、一九四九年にアメリカをはじめとする西側資本主義国がつくった、旧ソ連など共産国への戦略物資・技術流入を防ぐ機関です（ソ連崩壊によって一九九四年に解散しました）。

日本では、米ソが覇権を争っていた冷戦時代の一九八七年に起きた「東芝機械ココム違反事件」が有名です。

若い世代は知らないと思いますが、東芝の子会社、東芝機械（現・芝浦機械）が、旧ソ連に売った潜水艦の静音性を高める工作機械等が戦略物資とされ、アメリカはココム協定違反として東芝グループ製品を輸入禁止としました。

外交問題にまで発展した事件は伊藤忠商事にも疑いの目が向けられ、東芝は当時の社長・会長が辞任し、伊藤忠の瀬島龍三相談役が特別顧問に退く事態となりました。

バイデン大統領が就任後初の首脳会談（二〇二一年四月一六日）に日本の首相を選んだことを日本政府は自慢げに喧伝《けんでん》していましたが、そのことの意味を正確につかまなければなりません。

共同声明では日中国交正常化以来、初めて台湾問題を盛り込みました。

要するに同盟強化を外交の柱に据えたアメリカは、日米安保を中国抑止の「対中同盟」に位置づけて、日本を対中抑止の「最前線」にする。同時に日本に中国、ロシア、北朝鮮に対する「防波堤」としての役割を求めているということです。

まるで東西冷戦時代に逆戻りしたかのような発想です。冷戦構造にすると、中国とロシアは嫌でも仲よくせざるを得なくなってくるし、北朝鮮も中国ににじり寄ることになります。

二一世紀に入って欧米諸国対中国・ロシアの「新冷戦」が、米中対立を軸に表面化してきたのです。

中国を封じ込めることはできない

一方で、中国政府は二〇二一年一月、米国の禁輸措置などに同調した外国企業を相手に、中国企業が損害賠償を請求できる新たな規則を施行しました。中国も新規則に基づいて報復措置を取れるようになった。

しかし、米中ともに時代認識が欠如していると言わざるをえません。バイデンも習近平も三十数年前の東西冷戦と同じ対決構図を描いているようですが、世界情勢は当時とまったく様相を異にしています。

まず、いまや政治、経済、商業、文化、あらゆる分野でグローバリズムが世界に浸透しています。

いくらアメリカが中国を封じ込めようとしても、技術は製品というかたちで第三国を経由して移動することができます。第三国を経由すれば、アメリカ製品が中国に入ることも、中国製品がアメリカに入ることも可能です。

現代の世界で、すべての友好国に巨大市場である中国との取引を強制的に制限することは、アメリカの力をもってしてもできません。技術の流入、流出を防ぐために中国を封じ込めても実効性は低いでしょう。

アメリカのハイテク製品を自由に中国国内に流通させれば、中国は喜んでアメリカ製品を買います。しかし、アメリカの製品が入ってこなければ、中国は自前で技術開発を進めるしかありません。

実際、習近平政権はハイテク産業育成戦略「中国製造2025」で、半導体自給率を二〇二五年に七〇%にまで高める遠大な目標を設定しました。半導体の中核技術を握るアメリカが、半導体設計をリードしてきたファーウェイなどを狙い撃ちにした制裁を実施したのに対し、中国は半導体の国産化に向けた動きを加速させています。

中国が目標を達成するのは簡単ではないでしょうが、アメリカの中国封じ込め政策は、結果的に習近平のハイテク産業育成戦略に拍車をかけ、中国の技術力を向上させる可能性があります。長い目で見れば、アメリカは中国の技術発展を後押しするかもしれません。

そして、直視するべきは中国の圧倒的なパワーです。中国の名目国内総生産（GDP）は二〇二〇年、アメリカのGDPの七割を超え、イギリスのシンクタンク「経済ビジネス・リサーチ・センター」は、中国が二〇二八年にも名目GDPでアメリカを超えると予測しています。

軍事力はアメリカに次ぐ世界二位。毎年、巨額の軍事費を投じています。アメリカのインド太平洋軍司令官は、西太平洋における軍事力で中国は二〇二六年までに米軍を上回る可能性があるとしています。

また、文部科学省は二〇二〇年八月、自然科学分野の論文数で約四〇年にわたり首位だった米国を中国が抜いて世界一位になったとの調査結果を発表しました。豊かになった中国は若い世代の教育にも投資し、企業も研究や開発に多額のお金を投じています。いま世界でもっとも研究者・技術者を輩出している国は中国です。アメリカではありません。

米中は共存共栄せざるを得ない

あらゆるデータが各分野における中国の急成長を示しています。そして決定的な要因は、その膨大な人口です。

中国の人口はアメリカの四・二倍の約一四億人。中国の場合、人口の増加は生産力、消費力につながって経済成長をもたらしています。いくら頑張っても、アメリカは中国に勝てません。このことが中国の自信の源になっています。

国連の推計によると、中国の人口は二〇二七年ごろにはインドに逆転され、二八年の一四億四二〇〇万人をピークに減少に転じる見通しですが、それでもこの人口差を背景にアメリカは構造的に中国を制することができないのです。

強いものはもっと強く、弱いものはもっと弱く。貧富の格差が深刻な問題となっているアメリカの国際的な指導力は低下し、アメリカの一極支配はもはや過去のものとなりつつあります。

だからこそアメリカは欧州、日本という仲間を取り込んで中国を必死で囲い込もうとしている。かたや中国の下には「寄らば大樹の陰」で、「一帯一路」構想を通じて支援してきたアジア諸国やアフリカ諸国が参集しています。

しばらくはアメリカの覇権が続くとしても、何十年後かに「パクスアメリカーナ」ではなく「パクスシニカ」、中国の時代が来るでしょう。

では、それまでに両国の間で何が起きるのか。おそらく米中関係が目に見えて改善することはないのではないか。だからといって両国が武力で衝突することもありません。両国ともそれほど愚かではないはずです。

米中貿易摩擦は必然的に長くは続きません。なぜなら互いに経済的関係を良好に保たなければ自国の経済が成り立たないほど両国の経済的な結びつきが強固となってしまったからです。アメリカは中国なしに生きていくことはできず、中国もまた同様です。

結局、米中貿易摩擦も覇権争いのための駆け引きではなく、相互に正当なルールを築き、正しい運用と責任ある管理を行うという点に落ち着くのではないかと私は考えています。

結果的にアメリカと中国は「共存共栄」という方向に向かっていかざるを得ません。というのも、そのうち二大覇権国の間隙をぬって、第三者の競争相手が台頭してくるからです。インドやバングラデシュをはじめアジア諸国が猛追してきます。

社会条件と自然条件がこれだけめまぐるしく変化している世界情勢にあって、現在の「世界地図」がそのまま三〇年先も続いているとは思えません。

人口一つ取ってみても、アフリカ全五四ヵ国の人口約一二億五六〇〇万人は、国連の推計で二〇五〇年には倍増して約二五億人となり、世界全体の四人に一人を占める見通しです。

科学技術も私たちの予想を超えて加速度的に進歩しています。いま世界中の人々がスマホを持ってやり取りしている姿を三〇年前に予見した人がいたでしょうか。

アメリカ民主主義が潰えた瞬間

では両国の間に挟まれた日本はどうするべきか。日本の企業はどう振る舞えばいいのか。

それを考えるためには、まずアメリカと中国という超大国が抱える固有の問題を検討する必要があります。まずアメリカです。

アメリカが「錦の御旗」として掲げてきた自由と民主主義が潰えた光景が、二〇二一年の初めに繰り広げられました。

前年実施された大統領選挙の不正を訴えるトランプ大統領の支持者たちが一月六日、バイデン次期大統領の就任を正式に確定する連邦議会議事堂に乱入し、五人の死者が出ました。大統領自身が襲撃を扇動した、という疑いさえ持ち上がりました。

暴力革命を肯定する共産主義と異なり、権力の平和的な移行は民主主義の証と考えられてきました。選挙人の過半数獲得が決まった時点で選挙結果は確定していなくても、敗者は国民の前で敗北を宣言し、新大統領に協力する姿勢を表明する——それが大統領選の約束事でした。

また民主主義の元祖を自負するアメリカ自身、平和的な権力交代を誇示してきてもいたのです。

大統領がついたウソは三万回

アメリカにとって歴史的な汚点となったこの事件は、しかし偶発的に発生したものではありません。そこに至るまでの過程こそを私たちは見なければなりません。

旧ソ連との冷戦に勝利したアメリカの資本主義と民主主義は、「テロとの戦い」の泥沼化と貧富の格差拡大を招き、席巻するポピュリズムは政治の素人たるトランプをアメリカの代表に押し上げました。

理想よりも実益、タテマエよりもホンネを重視するトランプ時代にメディアに行き交った言葉が「フェイクニュース」（ウソのニュース）、「オルタナティブファクト」（もう一つの事実）、「ポストトゥルース」（脱真実）の三つです。

客観的な事実であるかどうかよりも、ウソであっても人の感情に強く訴えかける情報が世の中を動かす。「オレの言うことが真実だ。ウソと言うなら証拠を持ってこい」ということです。大統領周辺の要人もトランプの発言がウソだとわかっていながら平然と追認していたところが深刻です。

米紙「ワシントン・ポスト」のファクトチェックによると、トランプは在任中、ウソまたは事実と誤導させる主張を三万回以上も行ったそうです。ウソは年ごとに増えて四年目は新型コロナウイルスと大統領選敗北を中心に、一日に三九回の事実と異なる主張を重ねたといいます。ウソをつくほうもつくほうですが、数えるほうもよく数えたものだと思います。

もう一つ、民主主義にとって看過できなかったことがあります。世間はもう忘れているかもしれませんが、連邦議会議事堂乱入事件を受けて、ツイッターがトランプのアカウントを「永久停止」にしたことです。トランプのツイートが、さらなる暴力を誘発する恐れがある、という理由からでした。

民主主義の根幹は自由と平等です。大統領とはいえ、個人が自らの意見を自由に表明する場を永久に奪うという判断を、一民間企業が国民の議論を一切経ずに行ったわけです。誰がそんな裁判官のような権限をツイッターに与えたのか。そんな権限はツイッターにあるのか。

ツイッターの決定について、ドイツのメルケル首相はトランプの言動を批判する一方で、「言論の規制は一企業の判断によるものではなく、法に基づくべきだ」として問題視しました。

しかし、当のアメリカ国内ではワシントン・ポストが社説で「正当だったかもしれないが、恣意的でもあった」と歯切れの悪い意見を表明しているにとどまっています。

永久停止されたのがトランプ以外であれば、おそらくメディアや識者の対応は違ったのではないか。しかし、それはフェアな態度とは言えません。言論の自由は民主主義の要だからです。

根深い白人至上主義

トランプの登場で噴き出したのが白人至上主義でした。アメリカ白人層に根深く巣食う白人至上主義こそアメリカの未来に立ちはだかる大きな壁です。

白人貧困層は長い間、政治的に忘れられた存在でした。白人貧困層のいらだちと焦燥感がピークに達していたときに、その声を拾い上げたのがトランプでした。

トランプ支持者のうち二〇％以上は「奴隷解放宣言は間違いだった」と答えています。そうした考えを持つ人々が少なからず存在するのが、アメリカの〝もう一つの現実〟です。

噴き出した白人至上主義に対抗して、コロナ禍の中で起きたのがBLM運動、「Black Lives Matter」＝「黒人の命も白人の命と等しく大事だ」と主張する運動です。

人種差別に反対する左翼過激派は、奴隷所有者だった初代大統領ワシントンやアメリカ独立宣言の起草者でもある第三代大統領ジェファソンの銅像を引き倒し、奴隷解放を行った大統領リンカーンの銅像まで倒そうとしました。アメリカの民主主義は左右の双方から攻撃されて、いまや息も絶え絶えです。

もう五〇年近く前の話ですが、私がニューヨークに駐在していた一九七〇年代のことです。私は同僚や取引先とお酒を飲んで夜遅くにマンションに帰宅する日々を過ごしていましたが、そのうちに私のワイフがご近所の女性から尋ねられました。

「あなたのご主人、昼のお仕事のほかにもう一つ、ナイトワーク（夜のお仕事）をお持ちなんですか？」

当時の私の仕事ぶりを象徴する笑い話ではあるのですが、いまならこんなふうには尋ねられなかったでしょう。知人にこの話をしたところ、「アジア人の家族は貧しいから、一つの仕事では食べていけないだろう、という偏見があるのかもしれないね」と言われました。

アメリカに長く暮らせば暮らすほど、当時は有色人種に対する差別意識が垣間見えた気がします。おそらくそれは理屈ではなく、心の奥底に染み付いた感覚のようなものではないでしょうか。

私はアメリカで九年間過ごしましたが、二〇年暮らした友人に尋ねたことがあります。

「アメリカでの生活はどうだった？」

「長くいれば、付き合った人や生活環境によって違う印象を持つかもしれないね」

私は「そうか」と思いました。

もちろん、当時、私は数多くのアメリカ人の友人を持ち、仕事の上でも大いにお世話になりました。彼らの多くを私は信頼し、尊敬もしています。その私が、人によっては彼らの心の底にあるダブルスタンダード的なものを感じていたのかもしれません。

いや、それは何もアメリカに限ってのことではありません。五〇年前のことですし、どの国や地域にも変わらずにあるもののようです。異なるものに対する差別意識かもしれません。それは私自身の中にも巣食っていました。

私の友人である白人のアメリカ人が、すでに自分の子どもが何人もいるのに、もう一人、子どもを養子に迎えました。黒人の男の子でした。

「どうして黒人の子なのか？」と尋ねた瞬間、私は「しまった」と思いました。自分の中にある人種的な違和感が、つい顔をのぞかせたのです。自分の中に「なぜ」という気持ちがありました。友人からも「なぜ？」という答えが返ってきました。

人口逆転に対する白人の恐怖心

アメリカの白人にも歴然たる階層がありました。ゲルマン系やアングロサクソン系が上層にいるとしたら、その下にはアイルランド系、イタリア系、ユダヤ系が位置します。そして、その下にアフリカ系の黒人、アジア系の黄色人種が来ます。

しかし、近年アメリカでは中南米系のヒスパニックとアジア系移民が急増し、アメリカの国勢調査局は二〇四四年までに非ヒスパニック系白人が人口に占める割合は五〇％を割ると予測しています。

白人が多数派から少数派に転じるのは二〇五〇年ごろと予測され、「二〇五〇年問題」と呼ばれていますが、その年限がどんどん前倒しになっています。

最近のヒステリックとも思える黒人差別、コロナ禍に端を発した一部のアジア人差別の背後には、この「人口逆転現象」に対する白人の深い不安と恐怖、焦《あせ》りといらだちがあると言われています。

ほぼ単一民族と言えるわれわれ日本人には想像できませんが、アメリカの歴史は黒人差別の歴史でもあり、白人社会にはそのトラウマがいまも深層でうずいているのかもしれません。

そして近い将来、自分たちが差別・迫害してきたマイノリティーの立場に、自分たちが置かれることを想像してみれば、多少なりともその恐怖が理解できる気がします。

もちろん、時代とともに価値観は多様化し、異人種間の結婚の比率は増えています。しかし、アメリカ社会における人種問題は今後も長くくすぶり続ける可能性があります。そして貧富の格差による分断と人種間の分断は、アメリカの成長と発展を阻害する大きな要因になるでしょう。

中国の強権政治をどう考えるか

一方の中国は、民族問題という火種を抱えています。

中国ではウイグル族やチベット族などの反政府・分離独立運動が続いており、これに対して中国当局は、場所によっては徹底的な弾圧政策を取っています。

一方で香港では民主派に対する弾圧が加速しています。二〇二〇年六月に中央政府が施行した「国家安全維持法」（国安法）によって、二〇二一年一月には民主派の活動家らを次々に逮捕しました。

日本の国会に当たる全国人民代表大会（全人代）常務委員会は三月、香港の選挙制度変更案を全会一致で決定し、立法会（議会）議員選挙で香港市民が直接選べる議員の比率がさらに減るなど民主派を排除する仕組みをさらに強化しました。

六月には警察出身者をはじめて香港政府ナンバー2の政務官に据え、中国共産党に批判的な論陣を張ってきた香港紙「リンゴ日報」は廃刊、民主化を支えてきた団体も次々と解散に追い込まれました。

二〇一四年九月に起こった大規模な民主化要求運動「雨傘革命」から七年。イギリスの元植民地として一定の自治を保ってきた香港は、中国にほぼ完全な服従を強いられてしまったというのが実情です。

強権的な政策を断行する中国政府を欧米諸国は批判していますが、民主派への妥協は中国本土の反政府運動や分離独立運動に飛び火しかねません。中国が香港に対する弾圧の手を緩めることはないでしょう。

中国が次に狙うのは台湾です。香港・台湾の吸収合併は、習近平がスローガンとして唱える「中国の夢」だからです。

台湾との統一実現のため、一九七八年に中国政府が打ち出した政治システムである「一国二制度」（一つの国に社会主義と資本主義の二制度を併存させる）を最終的に「一国一制度」にして完全に併合する。

「中国の夢」とは、言ってみれば「漢民族の夢」であり、五六の民族からなる中国を漢民族のもとに統一し、香港と台湾も併合することです。それに向けて着々と歩みを進めています。

バイデン政権は台湾海峡の軍事情勢に懸念を表明し、台米関係の緊密化を打ち出しました。しかし、台湾海峡は、いまや中国の軍事力が圧倒しています。アメリカは一丸となって台湾をサポートする姿勢を示してはいますが、人口二三〇〇万人の小島を守るために、アメリカはどれだけ力を注ぐでしょうか。

中国はウイグル族に対して弾圧を強めると同時に、大学入試や公務員試験で得点を加点するなどの優遇措置を設けて、「アメとムチ」による同化政策を進めてきました。経済発展の恩恵をもたらし、長い時間をかけて同化させていく政策です。

私は大使時代に裕福なウイグル人の自宅に招き入れられたことがありますが、彼らの中にも宗派などによる細かな派閥があり、その文化を知らなければ敵視されることもあると助言されたことがあります。私たちが「ウイグル人」と呼ぶ民族も一様ではないのです。

中国の同化政策は、中国が長い歴史の中で身につけた少数民族の統治方法です。実際、漢民族に溶け込むウイグル族は多く、モンゴル族のように時代とともに漢民族との融合を進めていくことになるでしょう。そうした中で民族の言語や文化をどう保護していくかは別問題です。

香港と台湾は民族・宗教問題ではありません。民主主義と一党独裁という政治制度の違い、蔣介石以来の対立という隔たりをなくしていくために、中国は五〇年、一〇〇年の時間をかけて融合していくしかないでしょう。

習近平は変わったか

では日本と中国の関係についてはどうか。

私は中国大使時代を含めて、これまで習近平に十数回会っていますが、日中関係について、彼は私と会うたびに「両国は住所変更ができない間ですね」と繰り返し口にしました。「永久に隣国同士は争うわけにいかない」という意味です。

現在の中国の香港問題に対する強硬姿勢を見ると、意外に思われるかもしれません。では習近平は変わったのでしょうか。

いや、何も変わっていません。

日本にとって中国はいまやアメリカを抜いて最大の貿易相手国であり、日系企業の海外拠点数で中国は第一位です。中国抜きの経済成長は考えられません。

一方、中国にとって日本はアメリカに次ぐ二番目の貿易相手国であり、シンガポール、韓国、イギリスに次ぐ第四位の投資国です。そして日中の経済関係はいっそう緊密になっています。

万一、日中両国が衝突したとします。勝っても負けても双方にとって良いことなどまったくありません。結局、自国のことを第一に考えるなら、たとえ仲良くしたくなくても仲良くせざるをえないのです。

これは国と国の親善や友好というより、むしろ「動物の血」による自己利益の追求です。その意味においては紛争状態や冷戦状態と何ら変わりません。自国に利益があると判断すれば強権的にも振る舞うし、友好的にも振る舞うということです。

身も蓋もない事実ですが、政治、外交は強いものが勝ちます。それは歴史が証明しています。ロシアによるウクライナ占領が「クリミア半島は元々ロシアの領土だ」「クリミア半島に住む大多数はロシアへの編入を望んだ」といった理由を挙げているように、理屈は後からいくらでも付けられます。

問題は強い者が勝つことを頭に入れて「うまく対処すること」です。それが政治であり、外交です。仮に負けるにしても、完膚なきまでに叩きのめされてはいけない。

「国内をうまく収めるためには、少なくとも五年間の猶予がほしい」

「第三国に仲立ちしてもらって、双方の言い分を確認しましょう」

知恵を絞って対処する必要があります。

中国共産党とアリババのせめぎ合い

第一章で見たように、拡大する格差や地球規模の環境破壊を背景に社会主義への関心が世界的に高まっています。

アメリカは一貫して民主主義を侵すものとして中国共産主義への敵愾心《てきがいしん》を強めていますが、一方で中国も国内に民主主義的な価値観が広がることを警戒しています。

しかし民主主義と一言で言っても、アメリカやユーロ圏のように人口三億人の民主主義と、中国のように人口一四億人の民主主義はおのずと異なります。五六の民族を抱え、日本の二五倍以上の国土を持っている超大国、どうすれば自由と民主主義を実現できるでしょうか。

欧米と同じような民主主義体制では、一四億人の民を統治することはできない。長年、中国とつき合ってきた私の実感です。国家の統一が担保されなければ、その国の発展も繁栄も望めません。

そう考えると、現在の経済力の下での国家体制を考えるかぎり、中国という巨大な国家を統治するには、共産党の一党独裁以外の選択肢は考えられないと習近平は考えているに違いありません。

ところが、その中国も下のほうから急速に変わりつつあります。

九五〇〇万人の中国共産党にも、これまでの生粋の共産党員ではなく、資本主義の匂いを嗅いだ党員がじわじわと増えています。女性や少数民族の割合が増えるとともに、一九八〇年代、九〇年代に生まれた若い世代がすでに全体の三分の一を占めました。

党員の半数以上が大学卒と高学歴者も急増しており、欧米の大学に留学し、オンラインで情報をやりとりする経済的に豊かなエリートを中国は次々に政治・経済のトップに据えつつあります。

あるいは電子商取引大手アリババ・グループのように中国政府の意向に必ずしも沿わない民間企業がどんどん力を増してきています。

習近平は急拡大する巨大企業に警戒を示し、二〇二〇年一一月、史上最大の三五〇億ドル（約三兆六〇〇〇億円）規模となるはずだったアリババ傘下の金融会社アント・グループの新規株式公開（ＩＰＯ）を突然延期しました。

二〇二一年四月にはアリババ・グループに独占禁止法違反で一八二億二八〇〇万元（約三〇五〇億円）の行政制裁金を科し、アリババの時価総額は急落しました。

民間企業とともに経済成長の道をひた走ってきた中国共産党ですが、政府以外の組織が世論を動かす力を持つことを警戒して緊張関係を強めているわけです。

中国は、習近平の前の胡錦濤・温家宝体制時代から、政治体制よりも経済体制の変革を優先してきました。豊かではない国では「パン（生活）はペン（思想）より強い」。まず共産主義のもとで国を経済的に豊かにしていく政策を進めてきました。

その過程における歪《ゆが》みは、共産党や国有企業など権力層の不正蓄財というかたちで現れます。地方政府の幹部は国有地を接収して不動産開発をし、富を蓄える。こんな光景が中国の各都市で広がり、共産党に対する人民の疑念が膨らみました。

国民の中国共産党への信頼を取り戻すために、中国は共産党や政府幹部による汚職摘発に次々に乗り出し、その最初の〝大物〟が中央政治局委員で重慶市の書記を務めていた薄熙来でした。薄一家が数十億ドルの不正蓄財を海外送金していた疑惑などが浮上し、関係者は逮捕のすえ有罪判決を受けました。

薄熙来は共産主義の教育を徹底的に受け、毛沢東時代を称賛する運動を展開するなどして共産党員から熱烈な拍手を送られていました。それが過度の蓄財を生み出し、急速な影響力の拡大は政権の危機感を呼び込んで、数々のスキャンダルが暴かれて失脚しました。現体制の正当性を証明するためのスケープゴートにされたわけです。

これは構造的な問題です。欧米流の価値観が持ち込まれれば持ち込まれるほど、国内で資本が力を持てば持つほど、経済、政治、社会のあらゆる局面で共産党一党独裁の体制は下からゆらぎ始めます。

中国が抗《あらが》えない時代の趨勢

アメリカの民主主義が空洞化し、中国の覇権が世界に及ぶに伴って、中国の強権主義が民主主義の価値観を突き崩していくのではないかと危惧する声が聞かれます。

しかし、私はそう思いません。

国民一人当たりの所得が増え、中産階級が拡大するにしたがって、国民は物質面の豊かさだけではなく、政治参加の要求を膨らませます。教育が進んで民度が上がれば、民主化の要求も高まるはずです。事実、一人当たりのGDPが一万ドルに近づいたとき、韓国や台湾では経済面での変化が政治改革をもたらしました。

貧しい国では「パンはペンより強い」が、豊かな国では「ペンはパンより強い」ということです。これは歴史の摂理です。

中国には「民は食をもって天となす」という格言があります。食すなわちパンを与えない為政者は、いかに剣をもって抑えようとしても国民の不満は募り、為政者は最後には追放されるということです。

同時に「衣食足りて礼節を知る」。国民生活が豊かになれば、やがて国民の間には権利意識が芽生えることになります。

この傾向を後押ししているのは、インターネットの爆発的普及です。中国インターネット情報センター（CNNIC）によると、二〇二〇年一二月時点の中国のネットユーザー数は九億八九〇〇万人でインターネット普及率は七〇・四％に達しました。

一方で国民を監視するための情報技術も進展しています。中国当局は国内で政府や政治家に不都合な情報やコンテンツに対する検閲を強化していますが、一四億人の人間に対してこうした情報統制が今後、さらに難しくなっていくことは当局も織り込み済みでしょう。

共産党は選挙によって国民の信任を得ているわけではない。だから武力による制圧手段を背後に持ちながら、共産党が国を統治する正当性を国民に納得させる必要があります。それが経済成長です。

経済が好調な現在は国民の生活レベルは向上し、表立って現政権を批判する動きはありません。しかし、いったん経済が不安定になって生活が圧迫されると、拡大する経済格差や富の集中、情報統制、人権抑圧に対する鬱積した不満がデモや暴動のかたちで暴発する。その危険性は常にあります。

民意を十分に反映しない政治体制は、いずれ改革を余儀なくされます。その意味で、中国でこのままずっと共産党の一党独裁による統治が続くとは考えられません。

もう一つ付け加えるならば、世界は民の声を重視する方向へ動いているということです。ミャンマーで続く軍政への抗議デモを見るまでもありません。ずっと先を見据えれば、民が中心になる世界が来るはずです。

資本主義や民主主義の是非を言っているわけではありません。習近平がいくら力んでも、時代の流れとして変えることのできない趨勢ということです。

「国を動かすのは民の声だ」という認識を中国が持てるかどうか。少なくともいまの中国、習近平を見る限り、その認識が決定的に欠けています。

習近平亡き後、中国のトップはいつその認識を持つようになるか。持てれば中国はもっと強くなり、持てなければ将来、中国は潰《つい》えていくでしょう。

アメリカも例外ではありません。いやむしろ、白人至上主義を内に抱えている限り、中国以上に厄介かもしれません。

中国は分裂していく方向に進む

将来、中国が民の声に耳を傾ける体制になるにはどうすればいいか。アメリカのように地方分権を推し進めた連邦国家制に移行して、間接的に国民の声を政治に反映させる以外ない、というのが、私のかねてからの持論です。

中国の面積はアメリカとほぼ同じで、EU加盟二七ヵ国を合わせた面積の二倍もあります。私は中国大使時代の二年半に中国各地を歩きましたが、三四の行政区では同じ国とは思えないほど文化、風土、生活環境は異なっていました。

中国住房・城郷建設部の発表によると、人口的には一〇〇万人以上の都市が九三もあり、一〇〇〇万人以上の都市は重慶、上海、北京、成都など一三もあります。対外的には強固な中央集権国家に見える中国も、実質的には各省の独立性があるのです。

こうした広大でさまざまな文化・風土からなる国家で、自由と民主主義をある程度確保し、異文化衝突などさまざまなリスクを分散させながら、中央が一定のコントロールをするためには連邦制が最適だと思います。

異なる民族や宗教からなる国・地域を一つの理念に基づいて中央政府のもとに統合するのです。

国内を少数民族と地域間格差に配慮しながら六つの分権国家に区分けして、その上に企業でいえばホールディング・カンパニーのような連邦国会をつくり、間接民主主義制を導入するという構想です。

中国の建国一〇〇年に当たる二〇四九年が一つの節目になる、というのが私の見立てです。もちろん、実際には多くの困難と試行錯誤を伴うでしょう。

もっとも意を注ぐべきは、分権化と集権化のバランスです。国民の自由の領域が広がるに伴って社会が不安定になります。強い中央集権のシステムか完全な分散型のシステムの場合に社会は安定しますが、その移行期はもっとも不安定となります。

分権化と集権化のバランスについては、私の社長時代の手痛い教訓があります。第三章に記したように、私が社長に就任する前年の一九九七年、各事業部を外部化して別会社にするディビジョン・カンパニー制を導入しました。

各カンパニーが担当事業領域における経営の責任を負って経営管理を行います。迅速で柔軟な意思決定を行うことで、世界中の幅広い業界・分野のニーズに対応した事業を展開することを狙いました。

さらに縦割り主義の弊害を防ぐため、総本社を中心にカンパニー間の連携を強化して全社横断的な新事業領域の開拓を図りました。言ってみれば、従来の「単一国家」を「連邦国家」にしたわけです。

ところが、分権化を推進した際に、ディビジョン・カンパニーに権限を譲渡し過ぎたことで、本社側のコントロールが十分に利かなくなりました。

各カンパニーは人件費を抑えられれば、それだけ競争力を持ちます。儲かれば儲かるほど力を持っていきます。さらに自分の子会社をつくっていきます。たとえば鉄鋼部がどんどん分社化したら鉄鋼会社になり、繊維部を分社化したら繊維会社になった。そのうち本社の繊維部の存在感は失われ、ディビジョン・カンパニーの子会社的な役割になっていきました。

前の社長は交代し、ディビジョン・カンパニーの社長に就いた人材が戻ってきて本社の社長に就くことにもなります。

そこから私が学んだのは、権力を分散すれば、それだけ集権を強めないといけないということです。たとえば権力を一〇のパーツに分けたら、中央の権力は五倍の強さにしなければならない。

分権化そのものが間違っていたわけではありません。分権化と同時に集権を強め、それを担うだけの人材を育成する必要があります。しかし、実働部隊としての人材はそう簡単に育成できません。

早急に人材を養成しようとしたところに失敗がありました。組織論としては成り立っていても、実質的に人材が育っていませんでした。私が社長時代に得た教訓です。

真の覇権を決めるもの

さて、国際情勢が以上のような状況にある中で、どのように日本の企業は中国と付き合っていけばいいのでしょうか。

もちろん、日本にとってアメリカが安全保障上も経済上も最重要パートナーであることは疑う余地はありません。しかし、〝反中キャンペーン〟には安易に乗らないほうが賢明です。

今回のコロナ禍で「もうアメリカの時代は終わった」「これで中国がアメリカを追い越す時期が早まった」という論調も見受けられますが、それは不見識というものです。

確かに中国が覇権を握る時代がやがて来るかもしれません。しかし、それはすぐにではない。衰えたとはいえ、アメリカの時代は当分続きます。なぜなら、アメリカにはドルという世界最強の基軸通貨がある。国境を越えた貿易・経済行為は圧倒的にドルによって決済されています。

これが変わらない限り、世界経済の覇権はアメリカが握っています。極端なことを言えば、アメリカはその気になれば、一〇〇ドル紙幣を一枚数十セントのコストで印刷できる。他国がその一〇〇ドル紙幣を手に入れるには、同等の自国の資産と交換するしかありません。

これは中国にはいまのところ、絶対に真似できない芸当です。中国はすでに事実上の資本主義国家と解釈されますが、金融決済などのシステムは欧米のそれにははるかに及びません。

いざとなれば、アメリカは中国の貿易決済の多くを占める「ドル決済システム」の利用を停止するという強力な制裁措置があります。アメリカのこの圧倒的な強さは一朝一夕には変わりません。

中国はこうしたドルの呪縛から逃れようと人民元の国際化に躍起になっています。二〇二〇年には世界の主要国に先駆けて、デジタル人民元（中央銀行が発行するデジタル通貨）の実証実験を開始しました。

その一方で、コロナ隠蔽疑惑や香港問題、東シナ海・南シナ海進出、一帯一路構想など、世界が中国リスクを強く意識し始めています。ドルの牙城である国際金融取引の慣行を変えることは当分できないでしょう。

基本的人権や自由、平等といった価値を共有せず、国際社会のルールをいつひっくり返すかわからないような国は世界から信頼を得ることはできません。統治の在り方を変えていく必要性は、中国の指導部もわかっているはずです。

経済安全保障の視点からずる賢く立ち回れ

中国が世界のリーダーとなる時期がいつになるにしても、戦後、日本がアメリカに追随して大きな成長を得たように、私たちは世界のリーダーに歩調を合わせる必要があります。中国との関係をこじらせて一四億人の巨大市場を失うわけにはいきません。

アメリカの意向に添いながらも中国の政府や顧客にもにらまれないようにする。日本の国益を守る上で経済を使った安全保障、いわゆる「経済安全保障」が不可欠です。

実際、日本企業も相次いで経済安全保障関連の専門部署を立ち上げています。米中双方の輸出規制に抵触するのを防ぎながらも、多方面に目配りしてビジネスを維持していく配慮と丁寧なコミュニケーションを図っています。

大企業が加盟する経団連も二〇二一年七月、経済安全保障について協議する新組織「国際経済外交総合戦略センター」を立ち上げ、国家安全保障局や外務省、警察庁などの関係省庁や政党との連携を深め、民間からの情報発信を強めようとしています。

その時どきに強者が勝つのが国際政治・経済の常道です。一九七〇年代以降の日米貿易摩擦で日本は自動車でも半導体でも妥協を繰り返してきました。米中貿易摩擦の狭間で、日本はある意味ずる賢く立ち回ることが必要です。

中国への輸出禁止をアメリカが同盟国に求めるなら、アメリカに関税引き下げを求める。アメリカを牽制するため中国が参加の意思を表明したＴＰＰ（環太平洋パートナーシップ）協定を引き合いに出して、日米二国間だけの通商交渉を有利に運ぶ。

あるいは中国にとっては、中国に進出する日本企業の技術はまだまだ貴重なはずです。中国に対する過度な萎縮は不要です。

一時的に妥協することはあるでしょう。政治も経済も同じ状態が永遠に続くことはありません。変転目まぐるしい世界、短期間で情勢は必ず変化します。同じ力関係が一〇年も二〇年も続くこともありません。そう腹を据えてかかるべきです。

これから日本の「会社」が生き残るために必要なのは、したたかな立ち居振る舞いに加え、日本独自の考え、独立心を持つことです。

そのためにはまず、日本社会が直面している問題から目をそらさず、謙虚に向き合う。国内外の厳しい現実や不都合な真実にも真摯に目を向け、弱点を補い、日本の立ち位置を見定めていく。

そのうえで目の前で起きていることが理にかなっているかどうかを慎重かつ自律的に判断する。日本としていいものはいい、悪いものは悪いと立場を表明するべきです。

米中貿易摩擦に関しても、米国に追従するだけではなく、不条理なことにはしっかり意見を表明することです。おかしいと思っても、黙っていたら賛同したのと同じです。

経済発展のために戦争に近づかないという国是

日本はどういう独立心を持って話ができるか。

経済、政治、軍事、あらゆる側面で巨大になり、影響力を持った中国を完全に封じ込めることは、もはやできません。中国は日本以上にアジア諸国との関係を強めています。日本はもはやアジアで主導的立場を取る位置にもいません。

しかし、米中の事情だけで世界経済を停滞させるわけにはいかない。とすれば、米中関係で世界が二分される現在、日本の役割は自らの立ち位置を最大に活用して、両国の間に入って音頭を取っていくことです。

世界全体の未来に視点を据えて冷静に対処するよう粘り強く交渉を重ねる。そうしてこそ世界におけるプレゼンスを示すことができます。

そのためには三つの条件があります。

第一は、日本が大国に影響しうる力（存在感）を持つことです。でなければ、いかなる国も耳を傾けません。「力」とは経済力や軍事力だけを指しません。土地や資源がなく、国力も低下している日本はどういう「力」を持てるのか。終章であらためて考えます。

第二は、相手について十分理解することです。交渉でもお付き合いでも、相手を知ることは大前提です。たとえば中国はどういう文化を持ち、どういう考え方をするのか。こちらの文化を伝えることも同様に重要です。互いに理解し、絶えず顔を合わせていれば、簡単にウソなどつけません。相互信頼はそんな関係から生まれます。

第三は、他国と異なる最も重要な役割として「戦争に近づかない」ことです。集団的自衛権の行使容認や憲法改正の動きなど日本は少しずつ戦争に近づいています。戦争経験者が減り、その本当の怖さを知らない世代が主要国の指導的な立場にいることも大きなリスクです。

食料自給率もエネルギー自給率も低い日本は、その供給を断たれればたちまち立ち行かなくなります。日本は自由貿易なくしてはやっていけません。

だからこそ率先して、世界の平和を守らなくてはならない。これはやりたいかどうかの問題ではなく、日本の国是です。そして平和は努力なくして維持することはできません。「戦争に近づかない」という日本の国是の後ろ盾は、言うまでもなく平和憲法です。戦後七十数年、専守防衛に徹し、他国の人間を殺さなかったことはかけがえのない価値であり、世界から評価されています。それを守り通さなくてはならない。

政治的にではなく、人間として戦争に近づかないという姿勢をはっきり打ち出すことこそ日本が担うべき役割です。

終章 中小企業が世界を翔ける！

――「信用・信頼」こそ日本の力

科学技術力の著しい凋落

コロナ危機を追い風として覇権を強める中国と、強い対中警戒感を示すアメリカ。米中新冷戦が先鋭化する中、その狭間にある日本の国力をデータで見てみると、その立ち位置がどんどん低くなっていることに驚きます。

日本のＧＤＰが世界全体に占める割合は一九九五年の一八％から二〇二〇年は六％と三分の一に急落しました。世界の企業の時価総額の推移を見ると、日本は一九九五年、ＮＴＴ（二位）とトヨタ自動車（八位）の二社がトップ10にランクインしていますが、二〇二〇年はトヨタの四三位が最高です。

世界競争力センター（ＩＭＤ）が国ごとの競争力を示した二〇二〇年版「世界競争力ランキング」によると、世界主要六三ヵ国・地域のなかで日本は三四位で、過去五年間で最低順位です。東アジアの中でもシンガポール、香港、台湾、中国、韓国を下回り、二七位のマレーシア、二九位のタイよりも低い評価でした。

平均賃金を見ると、相対的な下落が止まらず、その傾向が回復する兆しはいっこうに見えません（次頁参照）。

日本の平均賃金はOECD加盟国中22位
平均より100万円以上も少ない！

1990年からの30年間で、アメリカの平均賃金は2万2400ドルも増えているのに、日本はその14分の１（1600ドル）しか増えていない。また、この30年間で2万ドル以上増えた韓国にも追い抜かれ、アジアトップの座から陥落。現在、OECD加盟国38ヵ国中22位となっている（OECD主要統計）

1990年

スイス	5万1287ドル
オランダ	5万0948ドル
ルクセンブルク	4万7638ドル
アメリカ	**4万6975ドル**
ベルギー	4万3272ドル
オーストリア	4万2552ドル
デンマーク	4万2122ドル
アイスランド	4万0695ドル
カナダ	4万0070ドル
オーストラリア	3万9875ドル
イタリア	3万8893ドル
OECD平均	3万6941ドル
日本	**3万6879ドル**
スペイン	3万5715ドル
フィンランド	3万5085ドル
フランス	3万4780ドル
イギリス	3万2675ドル
ノルウェー	3万1942ドル
ニュージーランド	3万1058ドル
スウェーデン	2万8839ドル
アイルランド	2万6664ドル
韓国	**2万1830ドル**
メキシコ	1万4455ドル

2020年

アメリカ	**6万9392ドル**
アイスランド	6万7488ドル
ルクセンブルク	6万5854ドル
スイス	6万4824ドル
オランダ	5万8828ドル
デンマーク	5万8430ドル
ノルウェー	5万5780ドル
カナダ	5万5342ドル
オーストラリア	5万5206ドル
ベルギー	5万4327ドル
ドイツ	5万3745ドル
オーストリア	5万3132ドル
アイルランド	4万9474ドル
OECD平均	4万9165ドル
イギリス	4万7147ドル
スウェーデン	4万7020ドル
フィンランド	4万6230ドル
フランス	4万5581ドル
ニュージーランド	4万5269ドル
韓国	**4万1960ドル**
スロベニア	4万1445ドル
イスラエル	3万9322ドル
日本	**3万8515ドル**

かつて「科学立国」として産業界を牽引した日本の科学技術の凋落《ちょうらく》は著しく、なかでも今世紀に入ってから、日本のお家芸だった半導体や携帯電話などのエレクトロニクス産業の国際競争力の低下には目を覆うものがあります。その生産額は最盛期の二〇〇〇年から半減し、まさに息も絶え絶えの状態です。

このことは、とりもなおさず日本のハイテク企業からイノベーションが起きなくなったことを意味しています。このことを示すデータには事欠きません。

日本は世界トップクラスの科学技術力を誇ってきましたが、二〇〇〇年代に入ると、国の研究開発力を示す指標である論文発表数は減少に転じます。「質の高い論文」がどれだけ出版されたかを示す「TOP10％補正論文数（二〇一六〜一八年）国際シェア順位」でも、ほとんどの分野において低下傾向を示しています。

国ごとのイノベーション創出力を評価する際の指標として広く利用されている世界知的所有権機関（WIPO）の「グローバルイノベーション指数（GII）二〇二〇年版」によると、日本は前年から順位を一つ下げて一六位です。

GDP比の教育投資額や大学教育などの人材とインターネット上での資産創出といった知的資産創出の項目の評価も低く、ここ一〇年間は一三位から二五位とトップ10ランクにも入っていません。

科学技術やイノベーションを発展させるには、新たな価値を生み出す人材の育成が必須です。イギリスの教育専門誌タイムズ・ハイヤー・エデュケーション（THE）が世界の大学を研究の影響力や国際性などの基準で順位付けした「世界大学ランキング」（二〇二一年版）によると、日本から二〇〇位以内に入ったのは、三六位の東京大学と五四位の京都大学の二校だけでした。

世界の上位大学をみると、ベスト10は前年同様にアメリカとイギリスの大学で占められ、アジアのトップは二〇位に入った中国の清華大学、次が二三位の北京大学でした。

日本の科学技術力の衰退を見せつけられたのは、新型コロナウイルスのワクチン開発でした。欧米の製薬企業は感染拡大が始まって一年弱という驚くべきスピードでワクチンの実用化に成功しました。一方、日本は二〇二〇年五月、ワクチンの研究開発や生産体制整備に約二〇〇〇億円の補正予算を組んだものの、アメリカは一兆円以上と予算規模の差は歴然としています。しかも欧米の場合、こうした国を挙げてのバックアップはコロナ禍以後に限ったものではありません。

感染症のワクチン開発には莫大な費用を要し、企業にとってはリスクの高い案件です。感染流行が終息すれば投資した費用は回収できません。有事に対応するための使わない設備の維持管理費には毎年、億単位がかかります。国の財政支援は不可欠です。

アメリカは国家安全保障の観点から、新たな感染症に備えて治療薬やワクチンの研究開発を平時から支援しています。バイオ企業モデルナは二〇一三年に国防総省から約二七億円、二〇一六年に保健社会福祉省から約一三五億円の支援を受け、実用化の例がなかったmRNAワクチンの技術開発を続けていました。新型コロナワクチンを一年余りで完成できたのは、こうした蓄積があったからです。

人材こそ日本の最大資源

競争力の低下した日本が抱える課題は、いくつもあります。ただ、最大の課題は人口減少です。過去に経験したことがないだけに人口減少の恐怖を知らない日本がそれを止めることは不可能に近く、各分野の人材不足が広がることは間違いありません。

人口は国力の源です。人口が急速に減りつつある日本は「先進国」ではなく、残念ながら「衰退途上国」と位置付ける人もいます。

私が懸念しているのは、日本の経営者や政治家といったリーダーたちが日本の直面するこうした厳しい現実を直視し、謙虚に向き合い、知恵を絞って課題を解決しようとする「国への情熱」を失っているのではないか、ということです。

政治も経済も目先の利益や損得に追われ、日本をどうしていきたいのかという長期的なビジョンを描く気力を失っているように思えます。

日本は、あるいは日本の企業は人口減少という問題をどう乗り越えていけばいいのか。

これはおそらく世界でも最も難しい課題です。世界最速で少子高齢化が進み、生産力における激しい逆風が吹く中を日本はなんとかして成長していかなければならない。逆にいうと、その課題を乗り越えた時、日本の企業は世界のモデルとなれるでしょう。

かつての勢いを失い、国力を低下させつつある日本にも、まだまだ世界に誇るべきものがあります。それは教育を受けた人材の層の厚さです。この場合の教育とは、知識や技術だけではなく、道徳や社会規範も含んでいます。

日本再生への道はただ一つ、その教育を受けた多くの人材を生かすことです。

中国がいくら頑張って国力を伸ばしても、人材のレベルではまだまだ日本に遠く及びません。中国の中間層は急速に増加し、二〇二五年には一〇億人規模に達すると試算されています。

しかし、私が長年中国を見聞した限りでは、その中間層すべてを日本の教育レベルまで引き上げようとすれば、おそらく二〇年では済みません。

インドが一〇年以内に中国を追い抜き、人口世界一になると予想されていますが、インドが日本人の教育レベルに追いつくには、中国以上に時間がかかるでしょう。

国家の最大の力、最大の資産は国民です。国民は国家の宝です。同様に会社の最大の力、最大の資産は社員です。最大の資産をいかに生かすかが問われています。

人間の頭に投資せよ

日本の中間層は年々衰退していますが、相対的に教育は広く行き渡っています。中間層に広く定着した「教育の力」こそが日本の希望の源と言えるでしょう。

その教育の力をどう利用して、社会の仕組み、国や企業のガバナンスを変えていくか。それを考えることが喫緊の課題です。

一つは「人間の頭」にこそもっと投資しなければいけない。日本の将来を切り拓く唯一の王道は教育です。国の最大の資産は人であり、その資産を大事に育てていかなければならない。人材の育成に投資していかなければ、日本は知的にも精神的にもみるみる衰退していくでしょう。

ＯＥＣＤの報告書「図表でみる教育二〇二〇年版」によると、二〇一七年の初等教育から高等教育の公的支出が国内総生産（ＧＤＰ）に占める割合は日本が二・八六％。比較可能な三八ヵ国中三七位と最下位から二番目です（次頁参照）。つまり日本は未来に投資していない、、、、、、。

OECD加盟国中、最低クラス！
教育にお金をかけない日本

各国のGDP（国内総生産：2017年）に占める、小学校から大学までの教育機関向けの公的支出の割合。日本がいかに人材育成を軽視し、お金を投じていないかがよくわかる（OECD「図表でみる教育2020年版」。日本とアイルランド以外は少数第二位を四捨五入した）

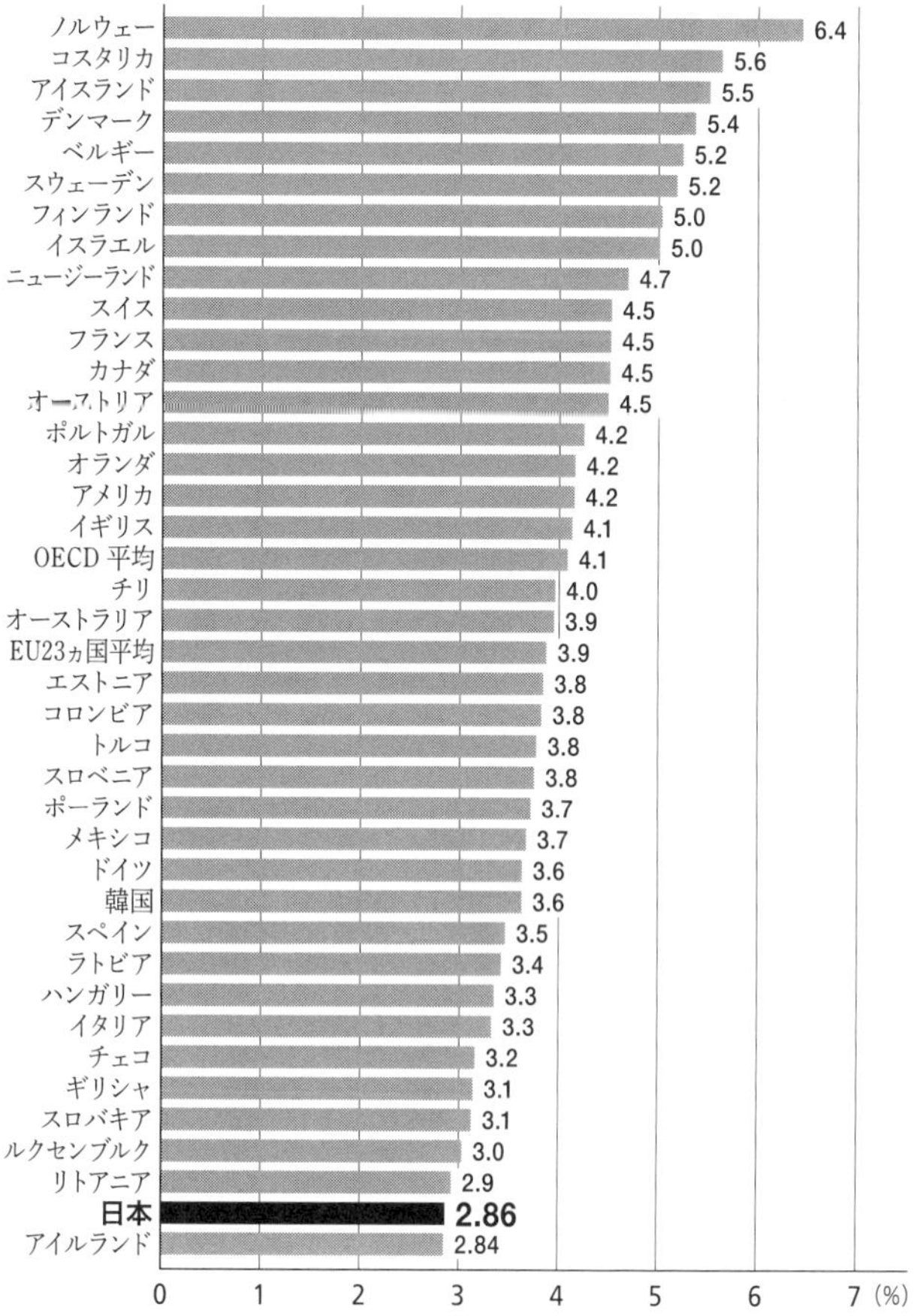

人材を育てて日本の底上げを図っていくには、教育にもっと資金を投じなさい。たとえば徹底的に語学を学ばせ、海外にどんどん派遣して日本がいかに遅れているか、海外にはいかに優秀な人材がいるかを体感してもらう。

貧富の差による進学差別も解消しなければなりません。教育の機会を均等にするためには、大学までの教育費を全部無料にする。生活を豊かにして、家庭教育、学校教育、社会教育という三本柱を充実させる。これらは何よりも優先するべき政策です。

国は日本人の知的衰退にようやく危機感を覚え、二〇二〇年一二月、一〇兆円規模の大学ファンド創設を発表しました。毎年、数千億円規模の運用益をトップクラスの研究大学の強化費用に投入する構想です。

「強化」の中身はわかりませんが、ここで思考実験をしてみます。たとえばハーバード大学に留学するにはいま、一人最低七〇〇万〜八〇〇万円かかります。仮に一人一〇〇〇万円とした場合、年間三%で運用できればその利益は三〇〇〇億円となるので、毎年三万人も留学生を送り出せる。これが一〇兆円の持つ教育力です。

二〇二一年度中に運用を始め、二〇二三年度には運用益による大学支援を開始する予定です。高等教育の底上げは未来への大きな投資になるはずです。

エリートこそ国の宝

人材というのは意識的に育てなければ伸びません。突然、能力や覚悟を求めてもできるわけがない。最初から少しずつ志の高い人間を育てていかなければならないということです。

全員はできません。リーダー層を育てるためのエリートを養成する。企業経営に引き寄せていえば、少数のエリート社員を選抜して「プロの経営者」として育てていくのも一手です。エリートなき企業は滅び、エリートなき国は崩壊する。これもまた私の持論です。

「エリート」というと、高学歴、高収入で一般庶民から遊離した人物をイメージしがちですが、それは本来のエリート像ではありません。

エリートとは「私」よりも「公」を優先する。人のため、社会のために尽力する精神を持った人物のことです。自分が置かれた立場に見合う責任と義務を明確に意識して行動できる人を指します。

エリートは非常に厳しくつらいものです。家族を含むプライベートな時間よりも、会社のために費やす時間が多くなります。そこに喜びを見出すようなメンタリティーが必要です。

その意味では、「ノーブレス・オブリージュ」（人の上に立つ者には果たすべき義務がある）の精神を内に宿しているということです。学力よりむしろ精神力の強さや人間としての誠実さが必須の条件になります。

社長時代の私は、会社の未来を担う「エリート社員」養成に力を入れました。各部門から入社一〇年以上で特に優秀と思われる社員をリストアップさせ、彼らに海外駐在の経験や事業会社での役員経験を積ませたりしたのです。

私は「新エリート主義」と呼んでいましたが、いわば経営者予備軍の育成です。会社のために体を張って働く社員は必ずいます。そういう有望な人材を選ぶ目利きも必要です。

新エリートを育成する方法の一つが競争原理の徹底でした。「競争原理」というと、偏差値教育や受験戦争を思い浮かべるかもしれませんが、競争は人間が成長する第一条件です。人よりも評価されたい、ライバルに勝ちたい、敵に負けたくない。そんな闘争心が人間を前進させるのです。

逆に悪しき平等主義は人からやる気を奪い、標準についていけない落ちこぼれを生みます。落ちこぼれを生み出す社会は人間を堕落させます。

どの組織であれ、やってもやらなくても同じ給料なら人はやりません。仕事をやった分の見返りがあってこそ人は仕事に尽くします。給与に徹底した成果主義の導入は必須です。

当時、「会社の寿命は三〇年」といわれました。組織が存続するにはどうすればいいか。

少数の立派なエリート経営者を持つこと、そして社員をどう配置・運用するかがカギです。

企業を動かす力を持っているのは社員です。社員を大事にすれば、業界トップを競うような組織にならなくても、企業として正常な働きを続け、つまずくことがありません。給料のアップか。福利厚生か。能力の育成か。

会社が長生きする第一歩です。

真の「プロ経営者」に必要な条件

ここで先ほど言葉にした「プロの経営者」について述べておきます。

「プロ経営者」とは、メディア的にはヘッドハンティングによって会社の経営者に迎えられ、複数の会社を経営者として渡り歩くような人物を指します。同族経営やサラリーマン社長と異なり、社内の慣行やしがらみにとらわれずに、思い切った経営や組織改革を期待されている。

本来、組織を統率する真のプロになるには、何年もその分野のことを必死に勉強し、経験を重ね、人脈をつくる必要があります。当然、それなりの年限を要します。

では経験を積んで齢を重ねれば、経営のプロになれるのかといえば、そうではない。変化の目まぐるしい時代です。一〇年前の常識が非常識になっています。新しい時代の価値観に通じた感性も判断力も必要です。

感性豊かで元気なうちは経験不足で、経験を重ねているうちに時代から遊離していく。そうすると、最初から「プロの経営者」などはいないということになります。

私の経験から言えば、経営者という仕事は一〇年もやると心身が壊れてしまいます。それほど過酷な仕事です。社長道はそう楽なものではない。とても何十年もできるような仕事ではありません。

たしかに、プロのプロたるゆえんは、その仕事を何十年も続けられる、続けているということでしょう。しかし、もしそういう人物がいていかに「優秀なプロ経営者」だとしても、常に全力投球では〝限界〟を越えることはできないでしょう。

「雇われたプロ経営者は旧来のしがらみにとらわれない」と言いますが、たとえばそれは社員の生活を顧みない大規模なリストラや工場閉鎖を断行できるということでしょう。

カルロス・ゴーンが典型です。彼が長期的展望を持って日産の成長・発展に貢献したでしょうか。日産と社員を愛し、身を投じて会社のために尽くしたでしょうか。巨額の報酬を手にして、挙げ句は故国への逃亡でした。彼が愛したのは自分とおカネだったのではないでしょうか。

要するに、オーナー経営者であろうが、サラリーマン社長であろうが、雇われ経営者であろうが、真に重要なのは、自分の会社を愛し、社員を大事にし、目先の業績にとらわれず、長期的視点で会社の将来の発展のために尽力できるかどうかです。

そしてリーダーの最大の力は結局、やるぞという強い気力と決断力です。真剣にやる。真剣は切れば血が出る。切られても血が出る。自分を犠牲にし、誰かを犠牲にするかもしれない。それだけの真剣さがなくてはいけない。木刀ではダメです。血が出ないような仕事ではダメです。

経営者には、ことほどさように、自分の体を張ってでも、やると言ったら最後までやり遂げるという気力、決断力、責任感が求められます。

世界にまたがる新しい仕事こそ成長の礎

私が社長時代に三九五〇億円の不良資産を一括処理した時、自分を支えたのはそれまで自分を育ててきてくれた社員や組織が好きだという思い、つまり会社そのものを心から愛しているという思いでした。

自分の家族や親族を犠牲にしてでも、この会社を絶対に立ち直らせてみせる、社員を守ってみせる、そのためには命を懸けるという覚悟で臨みました。逆にいえば、それだけの愛情と覚悟がなければ、経営者になってはいけない。

そしていま、企業の成長を促すために一番必要なのは、「世界にまたがる新しい仕事を生み出す」ことです。新しい仕事をつくれば当然、その仕事をする人が必要になります。人が必要になれば、給料は増える方向に向かいます。給料が増えれば、消費が喚起されます。おカネが回り、会社も経済全体も潤います。

では、新しい仕事はどこにあるでしょうか。古い仕事にいくらペンキを塗っても、大した仕事にはなりません。経常利益を増やし、配当金を増やしても、会社は成長しません。配当金を増やすならば、社員のため、会社のため、社会のために新しい仕事づくりに投資しなさい。

人口が減るから経済成長しないのか。

そんなことはありません。

人間が減っても、新しい仕事を生み出していけば日本は成長します。

巨額資金を投じて大規模事業を展開するアメリカや中国のマネをしても仕方ありません。日本人の特性は工作機械から時計、アニメ、ゲームなど精巧、緻密なものづくり技術にあります。そうした特性を生かした仕事を開拓していけばいい。

大事なのは一部の人ではなく、組織全体が豊かになることです。

「信用・信頼」こそ日本の力

日本が誇るべきは、その人材だと書きましたが、ではその人材の内実とは何でしょうか。あるいはどういう人材ならば、世界に誇ることができるのか。

それは信用・信頼をベースに一緒に仕事ができるということです。あの会社は絶対にウソをつかない。私たちを裏切らない。そういう信用・信頼を得られれば、世界各国の人たちとまともなお付き合いができます。

日本の人口減少は当面止められない。その限りでは、日本の経済の未来は輝かしくは見えません。しかし人間総体の価値は量だけで測られるわけではない。その内実も問われます。量ではなく質、モノではなく心です。

世の中のほとんどすべてはおカネで買うことができても、信用・信頼だけはおカネで買えません。しかもそれを得るには長い時間がかかります。偽造品や海賊版、粗悪品が平気で流通する社会では、世界の信用・信頼は得られないということです。

では世界の信用・信頼を得るために何が必要かといえば、それは知性であり、技術であり、精神です。日本は技術力において、これまで世界の信頼を得てきました。先人たちが築き上げた「メイド・イン・ジャパン」のブランドを、私たちは死力を尽くして守り、維持しなければなりません。

社員一人がウソをつくと、多くの仲間も同じように「ウソつき」と思われます。同じように一つの会社がウソをつくと、日本全体がウソをつくように見なされます。

その意味で、日本の企業で次々と明らかになる不正やごまかしは、日本ブランドの信頼を大きく損ねます。違法か適法かというだけの話ではありません。

いくら法的に罪に問われなくても、一度損ねた信頼を取り戻すには何年も何十年もかかります。時間が経てば水に流してうやむやにするという日本的対応が国際的に通用しないのは、言うまでもないことです。

守るべき「心の文化」

日本人は信用・信頼を得るためのすぐれた国民性を持っていると思います。勤勉さ、やさしさ、モラルの高さは、他国に引けを取らない日本の強みです。

行列には順番を守って並び、スポーツ会場のスタンドではサポーターたちが掃除をします。最近ではマスターズで日本人初の優勝を果たした松山英樹選手のキャディーの、優勝直後にコースに脱帽して一礼した所作が世界の注目を集めました。メジャーリーガーの大谷翔平選手の野球への愛と人々への分け隔てないやさしさにも、見る者の心を揺さぶるものがありました。

それはしつけや教育の成果なのか、儒教に基づく国民性なのか、日本が世界に誇っていいメンタリティーです。利害、損得だけでは動かないという珍しい国民性かもしれません。日本の企業はそうした「心」をずっと変わらずに大事にしていくことを世界にアピールしていくことです。カネだけではない、株主だけではない、ウソをつかない、人間をいちばん大事にする。

世界中の多くの国々や人々の信頼を得て活動を続けることが、たとえ人口減少の苦難の道を歩む日本でも世界で存在感を失うことのない、唯一の本道——私たちは自らの心の中でそう確信する〝強さ〟を持つべきです。

それ以外に日本と世界をつなぐものはありません。

信用・信頼を得ることは、口で言うほどたやすいことではありません。そのためにはこの国やあなたの会社の将来の礎をつくる若い世代の、たゆまぬ努力と研鑽が必要です。先行世代はそうした若い人材を精一杯、支援、育成しなければなりません。

油断していると、あっという間に大切にしてきた「心の文化」を損ない、失うことになるでしょう。

信なくして国立たず。

私たちはこれから国を挙げて、さらなる世界の信用・信頼を得るべく自らを厳しく磨いていかなければなりません。

体を張ってでもウソをつくな。
世界に飛び出してさまざまな価値観に触れよ。
自分を磨いて世界から信用・信頼される人間になれ。
自分が目指すものに向けて、まず一歩踏み出せ。
踏み出して死ぬまで努力をやめるな。

若い世代に向けた私のメッセージです。

おわりに――あなたの一歩は日本の一歩

コロナ禍に一ついいことがあるとすれば、家にこもる機会を捉えて厚い本をじっくり読めることです。私は書棚から古びた『西洋の没落』（五月書房、一九七七年）を取り出しました。

ドイツの歴史学者オスヴァルト・シュペングラー（一八八〇～一九三六年）が第一次大戦も終わりの一九一八年に発表した主著です。

大戦前、西洋社会ではナポレオン戦争以降の一〇〇年間ほど大きな戦争は起こっておらず、欲望や本能を理性でコントロールする西洋文明を絶対視していました。ところが大戦でドイツは敗れ、荒廃したヨーロッパの状況を目の当たりにしたシュペングラーは、人間の理性の限界を訴え、西洋文明は二一世紀に衰退すると予見しました。

邦訳は上下二巻。各四〇〇ページ前後で、上下二段にほとんど改行もなく、小さな字でびっしり書き込まれています。私の年齢では一〇ページ読んだら目が悪くなりそうです。中身も「数の意味について」から始まり、「観相学と体系学と」「運命理念と因果法則と」とかなり手強い。

会社に入った後に一度読み始めましたが、内容はほとんど忘れるように頭を通過しました。八〇歳を超えて半分は劣化した脳細胞を鍛えるため、もう半分は自分の考えを再確認するために再度ひもときました。

シュペングラーはギリシャ・ローマをはじめ文明の生成・老化を追究して西洋文明の没落を予言したわけですが、その当否は私にはわかりません。ただ、「デモクラシーが終わる」という予見についてはありえるでしょう。それはアメリカの現状が象徴しています。しかし、たとえデモクラシーが失われても人間は生きていくことができます。なぜなら人間自体が変わらないからです。二〇〇万年前の人類の誕生から脈々と流れている「動物の血」はデモクラシーの有無で変わることはありません。

もちろん、シュペングラーはそんなことを書いていませんが、『西洋の没落』を再読して、私は「時代が変わっても、人間はやはり変わらないな」ということを再確認しました。

本書の中でも私は「人間は変わらない」と繰り返しています。しかし、それは良い人間になろう、社会を良くしようという試みが無意味だと言っているわけではありません。それでは単なるニヒリズムです。

「動物の血」を理性の力でコントロールし、ことの善悪を判断して他人に寄り添う。そこが人間の人間たるゆえんです。社会改革、意識改革といった成長、進歩への希求は人間だけが持つ思いと言っていいでしょう。

だから、本書で述べてきた「命かカネか」の選択も、タテ型社会の改革も、大国同士の覇権争いも、「動物の血」を持った人間の業とのたゆまざる闘いであるとも言えます。

人間が変わらないのは、まず自らが変わろうとしないからです。

人間が変わらなければ、組織も日本も変わりません。

変えたいのなら、自分が変わりたいものに一歩ずつでもいいから近づく努力をすることです。それは今日からのあなたの行動にかかっています。

たとえ「会社」であれ組織であれ、名前が変わっても人間は変わらないでしょう。「会社」が終わっても、人間そのものが終わることはありません。

人間が変わろうとする歩みも人間が生き続ける限り、決して終わることはないのです。

だから本書の最後も、このように記して筆を擱《お》くことをお許し願いたい。
続く――。

二〇二一年八月

丹羽宇一郎

本文構成　片岡義博
編集協力　岡村啓嗣

講談社現代新書　2632

会社《かいしゃ》がなくなる！

二〇二一年九月二〇日第一刷発行　二〇二一年一〇月七日第二刷発行

著　者　丹《に》羽《わ》宇《う》一《いち》郎《ろう》　© Uichiro Niwa 2021

発行者　鈴木章一

発行所　株式会社講談社
東京都文京区音羽二丁目一二—二一　郵便番号一一二—八〇〇一

電　話　〇三—五三九五—三五二一　編集（現代新書）
〇三—五三九五—四四一五　販売
〇三—五三九五—三六一五　業務

装幀者　中島英樹

印刷所　株式会社新藤慶昌堂

製本所　株式会社国宝社

定価はカバーに表示してあります　Printed in Japan

N.D.C. 336　206p　18cm
ISBN978-4-06-524959-8

「講談社現代新書」の刊行にあたって

教養は万人が身をもって養い創造すべきものであって、一部の専門家の占有物として、ただ一方的に人々の手もとに配布され伝達されうるものではありません。

しかし、不幸にしてわが国の現状では、教養の重要な養いとなるべき書物は、ほとんど講壇からの天下りや単なる解説に終始し、知識技術を真剣に希求する青少年・学生・一般民衆の根本的な疑問や興味は、けっして十分に答えられ、解きほぐされ、手引きされることがありません。万人の内奥から発した真正の教養への芽ばえが、こうして放置され、むなしく滅びさる運命にゆだねられているのです。

このことは、中・高校だけで教育をおわる人々の成長をはばんでいるだけでなく、大学に進んだり、インテリと目されたりする人々の精神力の健康さえもむしばみ、わが国の文化の実質をまことに脆弱なものにしています。単なる博識以上の根強い思索力・判断力、および確かな技術にささえられた教養を必要とする日本の将来にとって、これは真剣に憂慮されなければならない事態であるといわなければなりません。

わたしたちの「講談社現代新書」は、この事態の克服を意図して計画されたものです。これによってわたしたちは、講壇からの天下りでもなく、単なる解説書でもない、もっぱら万人の魂に生ずる初発的かつ根本的な問題をとらえ、掘り起こし、手引きし、しかも最新の知識への展望を万人に確立させる書物を、新しく世の中に送り出したいと念願しています。

わたしたちは、創業以来民衆を対象とする啓蒙の仕事に専心してきた講談社にとって、これこそもっともふさわしい課題であり、伝統ある出版社としての義務でもあると考えているのです。

一九六四年四月　野間省一